dtv

Lieber, guter Weihnachtsmann,
guck mich nicht so böse an.
Stecke deine Rute ein,
will auch immer artig sein!

Artig sein wird in diesem Fall nicht viel nützen. Denn hier kommt der einzig wahre und ganz und gar nicht liebe Weihnachtsmann! Rechtzeitig zum Fest enthüllt Dietmar Bittrich seine Geschichte. Der bitterböse Weihnachtsmann, den es schon lange vor Kitsch und Kommerz gegeben hat, ist zurückgekommen. Und keiner bleibt von ihm verschont! In einer Zeit des Jahres, in der viel schiefgehen kann, sorgt er dafür, dass es auch wirklich schiefgeht. Er durchkreuzt beschauliche Feiern, mischt Weihnachtsmärkte auf, bringt Zoff ins Kindermärchen und nietet Engel um. Die Kinder wundern sich, die Eltern noch viel mehr, und die vielen falschen Weihnachtsmänner fürchten ihre Enttarnung. Eine schräge, boshafte und freche Weihnachtsgeschichte, an deren Ende der Leser auch noch ein Geschenk erhält. – mit bestem Gruß vom bitterbösen Weihnachtsmann. – »Hier ist die ultimative Rache an allen Sentimentalisten!« (Wilhelmshavener Zeitung)

Dietmar Bittrich wurde 1958 als Kind Hamburger Auswanderer in Triest geboren und lebt heute als Autor und Erbschaftsberater in Hamburg. 1999 erhielt er den Hamburger Satirikerpreis.

Dietmar Bittrich

Der bitterböse Weihnachtsmann

Eine festliche Geschichte

Deutscher Taschenbuch Verlag

Von Dietmar Bittrich
sind im Deutschen Taschenbuch Verlag erschienen:
Böse Sprüche für jeden Tag (20676)
Böse Sprüche für Sie & Ihn (20761)
Der tödliche Rasierspiegel (20809)
Böse Bauernsprüche für jeden Tag (20860)
Sexy Stories (20900)
Wie man sich und anderen das Leben
schwer macht (20951)

Ungekürzte Ausgabe
Oktober 2007
Deutscher Taschenbuch Verlag GmbH & Co. KG,
München
www.dtv.de

Umschlagkonzept: Balk & Brumshagen
Umschlagbild: Gerhard Glück
Satz: Dörlemann Satz, Lemförde
Druck und Bindung: Druckerei C. H. Beck, Nördlingen
Gedruckt auf säurefreiem, chlorfrei gebleichten Papier
Printed in Germany · ISBN 978-3-423-21027-0

1

Zum ersten Mal habe ich den bitterbösen Weihnachtsmann im Postamt gesehen. Es war drei Wochen vor dem beklagenswerten Ende von Frau Schmökel. Drei Wochen vor unserer unvergesslichen Bescherung.

Er stand hinter dem Tresen des Paketschalters. Damals wusste noch keiner von uns, dass er es war. Ich hielt ihn für einen heiteren, humorvollen Postbeamten. Natürlich hätte dieser Eindruck mich argwöhnisch stimmen müssen. Aber erstens hatte die Post gerade ihre Aktion »Ein Herz für Kunden« angekündigt. Der Mann mit weißem Bart und Weihnachtsmütze über grauem Overall hätte also eine Werbemaßnahme sein können. Und zweitens war ich zu abgelenkt, um ihn genau im Auge zu behalten.

In der Schlange standen die knöcherne Frau Ehrenberg, Sebastian aus der WG und Frau Schmökel, damals noch aufreizend lebendig und leuchtend in ihrer schweinernen Rosigkeit. Die drei waren nicht gleichzeitig gekommen, hatten einander aber hier entdeckt

und versuchten nun, an den anderen Wartenden vorbei ein Gespräch zu führen.
»Da ist Herr Rupprich«, rief Frau Ehrenberg, als ich noch nicht ganz eingetreten war. Einige Leute drehten sich um, als sei ich der Filialleiter, bei dem sie sich beschweren konnten. »Wir stehen hier schon eine halbe Stunde«, teilte Frau Schmökel mit. »Wenn es weiter so geht, kommt mein Paket nicht mehr rechtzeitig an.« Sie stand in der Mitte einer grauen Pfütze, die sich vom Eingang zum Schalter hinzog, und verursachte dank ihres Lebendgewichtes bei jedem Wort ein vibrierendes Wellenmuster.
Sebastian hievte sein Paket auf den Tresen. »Alle Pakete kommen rechtzeitig an«, beschwichtigte der Weihnachtsmann hinter dem Schalter. »Sogar, wenn Sie was für die Azoren haben oder für Ihre Tante in Patagonien oder...«, er studierte das Paket von Sebastian, »...oder für den Thai Erotik Versand in Ibbenbühren.«
Er blickte Sebastian an, der für einen Augenblick etwas weniger lässig wirkte als gewöhnlich. Die Wartenden, bis eben im Dämmerschlaf, machten die Hälse lang. »Ein Irrtum der Post«, erklärte Sebastian unwirsch. »Das Paket geht zurück.« Ausgepackt wurde es leider nicht. Frau Schmökel sah Frau Ehrenberg an, Frau Ehrenberg sah Frau Schmökel an, dann drehten

sich beide zu mir um. »Fragen Sie ihn, was drin ist«, riet ich. Ich selbst wollte das später unter vier Augen tun.
Der Weihnachtsmann klebte einen Zettel auf das Paket, Sebastian war entlassen. »Unverschämtheit, was man heutzutage unaufgefordert zugeschickt kriegt«, behauptete er, während er sportlich an der Schlange vorbeiwippte. Zu mir sagte er: »Weihnachten kannst du vergessen, wir machen ein totales Anti-Fest, überlege es dir.« Er gab der Tür einen Tritt und war draußen. Alle nahmen ihm übel, dass er sie mit unfestlicher Ware aufgehalten hatte.
Natürlich weiß jeder, dass man Weihnachtspakete spätestens Anfang November zur Post bringen muss, falls sie noch vor dem Fest ankommen sollen. Besser ist es, wenn man sie im Oktober aufgibt. Die Post selbst empfiehlt den September. Aber ich bin mir im Herbst selten sicher, was ich verschenken soll und an wen. Diesmal hatte Lisas Erbtante uns durch ihren robusten Lebensgeist überrascht. Obgleich sie Jahr für Jahr angekündigt hatte, das sei nun ihr letztes Fest gewesen, und obwohl es im Spätsommer tatsächlich danach ausgesehen hatte, war Lisa nun doch auf Nummer sicher gegangen und hatte eilig Kekse in ein Paket gestopft, selbstverständlich nur die harten, schwarzen. Damit stand ich nun in der Schlange.

»Am Wochenende wird der Weihnachtsmarkt der Völker eröffnet!«, schwärmte Frau Ehrenberg. »Ich habe da schon so herrliche Sachen gekauft! Fast zu schade zum Verschenken! Handgewebte Schals aus Indien und geklöppelte Überwürfe aus Mauretanien, skandinavische Glockenspiele aus Glas! Und die indianischen Weihnachtspyramiden und brasilianischen Kokosnusskrippen! Diesmal sollen sogar afghanische Räuchermännchen-Schnitzer dabei sein. Man kann sie bei der Arbeit beobachten!«
»Wie dumm, ausgerechnet an diesem Wochenende habe ich keine Zeit.« Mehr fiel mir nicht ein. »Wir haben Niklas versprochen, mit ihm zu basteln.«
»Aber so einen niedlichen Engel aus dem Erzgebirge«, lächelte Frau Ehrenberg mitleidig, »den kriegen Sie nicht hin.«
Frau Schmökel, schon beinahe am Schalter, wandte sich um und säuselte: »Willst einen Engel du auf Erden, musst du selbst ein Engel werden.« Sie setzte eine erlauchte Miene auf. Ich nickte ihr anerkennend zu. Jedes Jahr in der Adventszeit belegte sie den Volkshochschulkurs »Weihnachtliche Gedichte – selbst gefertigt« und hatte es in der Dichtkunst mittlerweile weit gebracht. Auch zu anderen Jahreszeiten war ihr manch treffender Reim eingefallen. Uns, ihre Nachbarn, beschenkte sie ebenso wie Verwandte

und Bekannte mit schnörkeligen Vervielfältigungen ihrer Verse. Kurz vor Weihnachten begann sie überdies, auf einem altertümlichen Blasinstrument zu üben, einer Schalmei, mit der sie den Vortrag ihrer Gedichte wohltätig untermalte. Ich hatte ihre Tonleitern auf Band mitgeschnitten und die Gedichte abgeheftet, um gegebenenfalls alles gegen sie zu verwenden.

Bevor sie jetzt weiterreimen konnte, kam sie an die Reihe. »Wird es auch noch rechtzeitig ankommen?« fragte sie den Weihnachtsmann am Schalter.

»Nach Winipeg?«, forschte er. »Auf die Inseln von Palau?« Er studierte die Aufschrift.

»Nach Himmelpforten«, lächelte sie.

»Das würde sogar in Hindustan rechtzeitig ankommen«, behauptete er.

»Na, dann!« Sie zahlte und wandte sich erleichtert ab. Der Mann versah das Paket mit einem Aufkleber und schrieb etwas dazu.

Ich hätte genauer hinsehen müssen und hätte das auch getan, wenn nicht in diesem Augenblick Herr Pirsig eingetreten wäre, der frühpensionierte Lehrer für Sozialkunde. Herr Pirsig schob ein Paket vor sich her, das der Größe nach eine Schaufensterpuppe enthalten musste. In seinem ausgebeulten Trainingsanzug blieb er einen Moment im Eingang stehen und spähte nach Bekannten in der Schlange. Ich hatte ihm gleich den Rücken zugedreht und meine Kapuze hochgezogen. Viele erkennen mich von hinten an den Inselgruppen meines Haarausfalls. Frau Schmökel lächelte ihm kalorienreich zu und zog ab. Frau Ehrenberg raffte ihre peruanische Stola und verschwand hinter einem Ständer mit Postreklame.

Schlurfende Schritte, ein über die Fliesen scheuerndes Paket. Ich roch die Schädlingsvernichtungskraft seines Parfums. Schon griffen weiche Finger nach meiner Schulter. Ich wandte mich um. Magerquarkgesicht, rotblonde Fusseln, käsiger Bart. »Herr Pirsig!« sagte ich freudig überrascht. »Sie wollen auch ein Paket abgeben?«

»Nein, tun Sie das bitte für mich. Meine Mutter ist im Krankenhaus. Bilokale Disfunktionsstörungen der linken Gallenblase.« Ich fand kein Wort des Mitgefühls. Knut Pirsig sorgte jedes Jahr dafür, dass seine Mutter vom Heiligabend an in der Sonnenhaus-Klinik verpflegt wurde. Diesmal hatte er den Beginn ihres Aufenthaltes offenbar vorverlegt. Das konnte nichts anderes bedeuten, als dass sie seine Wohnung bereits vollständig geputzt und seine Wäsche ordentlich gebügelt hatte. »Geben Sie einfach nur das Paket ab«, sagte er. »Adresse steht drauf, danke, danke!« Und entfernte sich wieder. »Danke auch im Namen meiner Mutter!«

Frau Ehrenberg, nun wieder deutlich zu sehen und um etliche postalische Informationsblätter reicher, nickte mir solidarisch zu. Sie rückte an den Schalter vor und machte dem Beamten ein heuchlerisches Kompliment für seine Verkleidung.

Ich schob die Pirsigsche Puppe mit den Stiefelspitzen vorwärts. Mir fiel die Selbsthilfegruppe ein, von der Sebastians WG-Freundin Tina erzählt hatte. Weihnachtlich Geschädigte sollten unter Anleitung eines Therapeuten Trost und Zuspruch finden. Ich lächelte. Zu diesem Zeitpunkt war ich noch sicher, nichts dergleichen zu brauchen.

»Das kostet extra«, sagte der Weihnachtsmann, als ich mit Hilfe von vier Umstehenden Herrn Pirsigs Paket über den Tresen wuchtete. Herr Pirsig hatte mir kein Geld gegeben. »Wohin soll das Monster denn gehen?« Er studierte die Anschrift. »Soll das Timmendorf heißen? Oder Timbuktu?«

»Von mir aus kann es nach Timbuktu gehen«, sagte ich trotzig.

Er lachte, wie nur ein richtiger Weihnachtsmann lacht. Gütig, aber mit einer Prise Dunkelheit darin. So wie man eben lacht, wenn man ziemlich weit draußen vom Walde her kommt. Ich muss sagen, er wirkte unwahrscheinlich echt. »Sie haben eine fantastische Maske!«, sagte ich.

»Ihre ist auch nicht schlecht«, antwortete er, während er auf einem Zettel ausrechnete, was ich bezahlen sollte. Für einen kundenfreundlichen Servicemann war er eine Spur zu unverschämt.
»Und hier, was ist hier drin?« Er beklopfte das Paket für Lisas Erbtante. Eigentlich ging es ihn ja nichts an.
»Selbstgebackene Kekse.«
»Scheußlich«, brummte er. »Allenfalls in Äthiopien würde man sich darüber noch freuen.«
Als ich bald nach Weihnachten Post aus Äthiopien bekam und Herr Pirsig einen Dankesbrief aus Timbuktu, wunderte ich mich schon nicht mehr, so viel hatte ich inzwischen mit dem bitterbösen Weihnachtsmann erlebt.

2

An dem Tag, an dem sich die Betriebsweihnachtsfeier von Hagestedt und Partner zur Katastrophe entwickelte, fand Niklas morgens eine Fliege in seinem Adventskalender. Beim Öffnen des Türchens wirkte sie noch betäubt. Dann bewegte sie sich, rieb die Vorderbeine aneinander, duckte sich kurz und hob ab. Schwergewichtig und mit fettem Brummen flog sie eine Schleife durchs Kinderzimmer, klatschte gegen das mit Strohsternen behängte Fenster, war nun vollends wach und drehte mit erhöhter Frequenz in den Flur ab.

»Jetzt ist Schluss«, erklärte ich beherzt und griff nach dem Adventskalender. Niklas schrie auf.

»Lass ihm doch den Spaß«, beharrte Lisa.

»Ist das etwa auch einer eurer Werbegags?«

Lisa arbeitete bei Hagestedt und Partner. »Sieht eher nach der Konkurrenz aus«, meinte sie. »Scholz and Friends oder Springer und Jacoby.«

Bereits als Niklas das erste Türchen geöffnet hatte, war uns der Kalender als nicht ganz kindgerecht erschienen. Da hatte ein völlig unweihnachtlicher Springteufel seine Zunge hervorgestreckt. Am zweiten Tag rieselte Niespulver heraus. Am dritten Tag eine Tüte mit Pflanzensamen, laut Aufschrift eine schnell wachsende Unkrautmischung. Wir hatten Niklas umgehend einen Schokoladenkalender gekauft und ihm zugeredet, das missratene Exemplar zu entsorgen. Er wehrte sich. Der Kalender stammte aus der Vorschule. Er hatte ihn vom Weihnachtsmann persönlich überreicht bekommen.

»Jeder hat einen gekriegt«, erzählte er, »auch Frau Görz.« Das war die Lehrerin.

»Wie sah der Weihnachtsmann aus?«, forschte ich.

»Es war der Weihnachtsmann!«, antwortete er. »Wir durften ihn alle am Bart ziehen. Er hatte einen ganz tollen weißen Bart und wir haben alle dran gezogen. Und der Weihnachtsmann hat gesagt, es gibt ganz viele Männer, die tun nur so, die machen ihn nach, und denen sollen wir bloß nicht glauben. Die sind nämlich alle falsch, es gibt nur einen einzigen richtigen Weihnachtsmann, und das ist er, und die anderen, die haben alle angeklebte Bärte. Und wenn wir einen sehen, dann sollen wir dran ziehen, und dann sehen wir schon, dass der falsch ist.«

Ich würde meinen Onkel Joseph warnen müssen. Wir hatten ihn für unsere Bescherung engagiert.

»Was war denn das für ein dreister Weihnachtsmann?«, fragte ich Lisa, als wir allein waren. »Der neue Freund von der Görz?«

Sie versprach, Frau Görz zu fragen, bei der Probe im Kirchenchor.

Als ich das Arbeitszimmer betrat, zog der Brummer schwer und schwarz über meinen Kopf hinweg. Er hinterließ Kondensstreifen in der Luft.

3

Hagestedt und Partner waren berühmt für ihre weihnachtlichen Werbeideen. Sie hatten das Weihnachtskonzept für die neue Shopping Mall entworfen. In allen

Zeitschriften erschienen ihre Kampagnen für Autos mit Weihnachtsschleifen und Küchenmaschinen im Tannenbaum-Look. Im Fernsehen liefen ihre Spots für die Handys, die der Weihnachtsmann benutzt, für seine tiefseetaugliche Uhr, seine Kuriertasche aus Rentiernappa, die winterfeste Hautcreme und sein liebstes Vitamin-Präparat. Außerdem hatten sie für eine gemeinsame Kampagne mehrerer Firmen die High-Tech-Krippe erfunden, in der Maria den Stall mit einem beutellosen Staubsauger ohne Saugkraftverlust reinigt und Josef das Jesuskind mit einer vibrationsfreien Digitalkamera filmt. Die Hirten bringen Heimwerker-Bohrmaschinen, ein Engel wirft Jahreslose der Fernsehlotterie ab, und das Jesuskind erwacht in seidener Bettwäsche mit Naturnoppen-Optik. In der Adventszeit lief dieser Sechzig-Sekunden-Spot halbstündlich auf den zweiunddreißig wichtigsten Sendern.
Auch Lisa, die in der Agentur eigentlich für Kundenbetreuung zuständig war, hatte eine Idee beigesteuert. In ihrem Spot pflegte der Weihnachtsmann sein splissanfälliges Haar mit Shampoo aus blaugrünen Algen. Der Absatz war enorm gestiegen. Am Abend der Betriebsfeier durfte sie eine beachtliche Gratifikation erwarten. Wir hatten das Geld schon verplant.
Das klimaversiegelte Loft der Agentur befand sich in einem alten Kaffeespeicher am Freihafen. Zwischen

weißgekalkten Wänden und Raumteilern aus mattiertem Glas, unter Ziegelsteingewölben und denkmalgeschützten Stahlträgern versammelten sich die Texter und Grafiker, die Creative Directors, Trendscouts und Acquisiteure nebst einer hoffnungsvollen Praktikantin. Alle fanden Weihnachtsfeiern reichlich unter ihrer Würde und gerade deshalb ungeheuer witzig. »Bieder ist cool«, hatte Hagestedt als Motto ausgegeben. Er war der Geschäftsführer. Er hatte eine Geschenkeverlosung organisiert und beim Old Fashioned Christmas Service einen besonders altmodischen Weihnachtsmann bestellt, der die Bescherung vornehmen sollte.

Am Abend der Feier wurden die Bildtelefone und digitalen Displays stillgelegt, an denen die Designer sonst ihre Websites kolorierten. Punkt neun erloschen auch die spinnenarmigen Halogenlampen. Auf den weißen Konferenztischen, an denen die Kreativen tagsüber auf Synergieeffekte warteten, leuchteten nun Triefkerzen und spiegelnde Kugeln zwischen bepuderten Tannenzweigen. »Total kitschig, total geil«, wisperte Iris, die Praktikantin. Dann waren Schritte von der Treppe zu hören. »Der Weihnachtsmann«, raunte Hagestedt.

Im Vorraum rumpelte es besorgniserregend. Jemand stieß gegen die Tür, fluchte, rüttelte an der Klinke. Die alte Stahltür des Speichers hatte Hagestedt zum Einzug persönlich mit der Flex abgeschrubbt, anschließend drei Tage im Regen stehen lassen, bis sie Flugrost angesetzt hatte, dann mit Zaponlack überstrichen. Nun sah sie aus wie ein recyceltes Garagentor und war das Wahrzeichen der Agentur. Leider kostete es beträchtliche Kraft, sie zu öffnen. Als der Weihnachtsmann es geschafft hatte, wankte er krachend gegen den Türpfosten und gab ein bronchiales Röcheln von sich, der Schatten eines Greises, dunkel und trostlos vor dem trüben Licht des Vorraumes, mitleiderregend krumm und erbärmlich keuchend. »Er kam uns ziemlich alt vor, eigentlich zu alt«, sagte Lisa, als sie mir die Geschichte der Katastrophe erzählte. »Hagestedt hatte ausdrücklich einen Nostalgie-Weihnachtsmann geordert, aber wir wollten natürlich niemanden umbringen.«

»Na, immer rein, Meister«, rief Hagestedt. »Kann es sein, dass Sie irgendwie zu lange draußen im Walde waren? Wieder zu viel mit den Engelein rumgemacht, was?« Alle lachten, am eifrigsten die Praktikantin. Der Weihnachtsmann schulterte seinen Jutesack und schlurfte stumm nach vorn, vorbei an den schadstoffschluckenden Ficus benjamini, den Urkunden des Werberates und der preisgekrönten Festedition von Fevamat Color Tabs. Sein eigenes Kostüm musste mit einem anderen Mittel gewaschen worden sein, so beschämend fleckig und verblichen erschien es im Kerzenlicht. Er hob den Sack auf Hagestedts diamantschwarzen Stahltisch.

»Beifall für unseren rüstigen Waldschrat!«, rief Hagestedt, während ein Häuflein kläglicher Päckchen auf den Tisch polterte. Alle applaudierten. Hagestedt fischte ein Briefchen mit roter Schleife aus dem Haufen und riss es auf. »Ich mach mal den Kick Off!« Es war seine vorbereitete Rede. »Friends and Companions! Wir haben ein fantastisches Jahr hinter uns! A Year Of Splendor! A Game Of Success! Eins fürs Guinnessbuch! Nie haben wir so viel Zaster eingestrichen, so viele Entscheidungsträger geschmiert, nie so viele Ideen geklaut, so viele Spots abgekupfert!« Er stockte. Die Praktikantin lachte beflissen, die anderen lächelten vorsichtshalber. Schweigend überflog Hagestedt das Blatt bis zum Schluss. »Yeah, wow, eine Boomtown Story, ein All Time High!«, verkündete er ein wenig brüchig, faltete das Blatt zusammen und blickte forschend zum Weihnachtsmann. Der hatte sich in eine dunkle Ecke zurückgezogen.

»Klasse, dann mache ich gleich weiter!«, rief Vanessa und sprang dienstfertig auf. Sie war die Sekretärin. Hagestedt hielt ihr Geschenk schon in der Hand. »Hier steht Vanessa drauf!«, murmelte er verwundert.

Er hatte etwas Größeres erwartet. Vanessa öffnete den Brief, der am Päckchen klebte. »Zu jedem Geschenk gibt es ein kleines Gedicht«, erläuterte sie dem Erfolgsteam. »Jeder liest sein Gedicht vor, wie in alten Zeiten, das finde ich schön, ich fang mal an.« Sie begann laut. »Liebe Vanessa! Endlich wird's besser!« Und wurde dann leiser: »Hier ist ein parfümiertes Tuch, das trag stets in der Tasche, und Kraftspray gegen Mundgeruch, nebst einer Nachfüllflasche.« Sie lachte scheppernd. Ihr Blick ging zu Hagestedt. Hagestedt spähte in die dunkle Ecke.

»Na, irre! Hyper! Maximal!«, rief Mike, der Juniorpartner. »Irritation ist das Wesen der Kreativität! Mann, Hagestedt, du Monster, das hast du begnadet ausgeheckt! Heh, jetzt will ich auch meinen Powerkick. Wo ist die Überraschung für Tricky-Dicky-Micky-Mike?!«

Hagestedt strengte sich zu einem Lächeln an. Mike griff sich sein Päckchen. Vanessa schnupperte an ihrem Spray. »Du musst es benutzen, Nessie, sonst haben wir nichts davon«, scherzte Mike. Er riss seinen Brief auf und las dröhnend vor: »Heuchler du, Totalverräter, hier ist dein Jazz, der Rest kommt später. Heh!« Er hielt sein Geschenk hoch, eine Musikkassette. »Na, da hören wir doch gleich mal rein. Surprise, Surprise! Mann, und ich hatte befürchtet, wir machen hier eine sturzbiedere Betriebsfeier. Hage-

stedt, alter Bock, du hast immer noch Schwarzpulver im Arsch!«
Er legte die Kassette ein. Für einen Augenblick hielten alle den Atem an. Aber es kam Musik. Tatsächlich Jazz. Nichts weiter. Ruhige Blue Notes, perlend aneinandergereiht, langweilig und angenehm.
Dennis, der Trendscout, den Hagestedt teuer bei Jung von Matt abgeworben hatte, verlangte jetzt mutig nach seiner Gabe. Die Aquisiteurin nahte und wühlte in den Päckchen. Die Praktikantin kam kichernd dazu. Hagestedts Befehlsstand wurde zum Grabbeltisch. Mit flatternden Händen grub Tom, der Grafiker, nach seinem Geschenk und fand es mit gieriger Schnelligkeit. Betörend weich fühlte es sich an, herrlich knetbar. Er kiekste ekstatisch und riss es auf. Wundertätiges weißes Pulver. Ohne erst sein Gedicht zu lesen, rollte er das Blatt zu einem Saugröhrchen. Die Praktikantin hatte unterdessen einen Lachsack ausgewickelt, der in ihren Händen sogleich zu rasseln begann. »Weil du immer höflich lachst und fleißig Richtung Cheftisch grienst«, las sie vor, »und weil du sonst rein gar nichts machst, endet heut und hier dein Dienst.« Sie gluckste.
Und während die Aquisiteurin das psychiatrische Gutachten auspackte, das ihre Fahrerflucht im Firmenwagen betraf und ihre Zurechnungsfähigkeit auf

Null herabstufte, während die anderen eine Frechheit nach der anderen zutage förderten, ausgefüllte Kreuzworträtselhefte, lahmende Wackeldackel, Ikea-Kataloge, während die Praktikantin unablässig versuchte, den Lachsack zu beruhigen, bis sie sich schließlich krachend daraufsetzte, drehte Dennis, der Trendscout, schnaubend ein Trendwörterbuch in der Hand.

»Und dein Gedicht?«, fragte ihn Vanessa. Es war kein Gedicht. Dennis habe sich bemüht, stand auf dem Blatt, und zwar um Geselligkeit, auch um Pünktlichkeit, sogar um Einfälle, man wolle ihm aber möglichst noch während der Probezeit die Gelegenheit geben, seine unbezweifelbaren Talente anderswo darzubieten. Tonlos sperrte er den Mund auf. In diesem Augenblick erschütterte ein Hustengewitter die Runde. Weißes Puder stäubte hoch. Tom prustete. Er hatte eine ganze Linie eingesogen, augenscheinlich zu schnell. »Das ist ja Backpulver!«, ächzte er. »Reines hundertprozentiges Backpulver.« Die anderen probierten. Er hatte recht.

»Heh – maximales Drehmoment!«, rief Mike. »Verwirrung extrem, Unsicherheit total, doppelblindes Chaos! Mit einem Wort: Creativity! Powerkicks! Hundertfünfzig Prozent, Hagestedt! We're totally cracked up!« Er hatte ein halbes Jahr in New York verbracht.

Doch jetzt brach die Musik ab. Stumpfsinning hatte sie das Auspacken untermalt. Nun endete sie mitten im Stück. Mike stand auf, um die Kassette umzudrehen, doch sie war keineswegs abgelaufen. Vielmehr ließ sie ein Rauschen hören, dann ein Knacken und plötzlich ein Telefongespräch. Jemand musste es mitgeschnitten haben. »Heh!«, sagte Mike verwundert. Es war ein Telefongespräch zwischen ihm und einem Kunden. Der Inhalt war beim besten Willen nicht misszuverstehen. Gleich danach kam noch ein Gespräch und dann noch eins und noch eins, bevor er abstellte und noch einmal »Heh!« sagte und verstummte.

»Bis zu diesem Augenblick, und weil Hagestedt erkennbar verwirrt war, hatten wir gedacht, Mike hätte die Aktion selbst angezettelt«, erzählte Lisa. »Aber das war jetzt nicht mehr vorstellbar. Auf der Kassette war zu hören, was keiner gewusst hatte, was aber nun niemand mehr bezweifelte: dass Mike sich ausklinken wollte. Mit einer eigenen Agentur. In jedem Gespräch bemühte er sich unverhohlen, Kunden abzuwerben. Einen nach dem anderen. Und alle Telefonate waren mitgeschnitten.«

»Dann steckte Hagestedt dahinter«, sagte ich.

»Das dachte ich auch, bis das Video kam«, sagte Lisa. »Das Video vom Betriebsausflug. Das musste jetzt ganz schnell abgefahren werden, bevor die Stimmung völlig kippte. Alle machten noch auf lustig, aber sie waren spürbar verstört, zumal Mike jetzt nicht mehr den Animateur spielte. Und nun kam also das Video. Und das, naja, das zeigte nur ganz wenig vom Betriebsausflug. Und statt dessen Hagestedt im Fahrstuhl.«

»Hagestedt im Fahrstuhl?«

»Ja, Hagestedt bleibt manchmal im Fahrstuhl stecken, absichtlich.«

»Absichtlich? Allein? Oder mit anderen?«

»Ich musste schwören, außerhalb der Agentur nichts darüber zu sagen.«

»Wieso? Was macht er denn da?«

»Ich habe das Video ganz schnell gestoppt, aber natürlich nicht schnell genug. Es war fast alles zu sehen und der Rest war zu ahnen.«

»Was denn?«

»Wir haben schnell das Licht angemacht. Hagestedt hat ganz komisch gelacht. Und dann haben wir auf einmal gemerkt, dass der Weihnachtsmann weg war. Er musste die Dunkelheit genutzt haben und hinausgehuscht sein. Keiner hatte es mitgekriegt.«

Hagestedt bekam noch einmal, vielleicht zum letztenmal, die Kurve. Er nahm alles auf seine Kappe. Er gab vor, er persönlich habe all das genauso geplant und in Szene gesetzt. »Friends and Companions!«, rief er. »Es ist wie Mike gesagt hat: Ich habe Schwarzpulver verteilt. Ich habe das Streichholz an die Zündschnur gehalten. Ich habe Minen gelegt. Weil die Verkrustungen immer mal wieder aufgesprengt werden müssen. Weil nur dann die Kreativität durchbricht. Okay?!«

»Yeah, let it explode!«, brüllte Mike. »Wir besaufen uns jetzt! Beam us up, Hagestedt!« Alle jubelten.

»Aber, Friends, lasst diese Explosionen wirken, über Weihnachten!«, rief Hagestedt. »Damit wir nächstes Jahr noch schräger, noch heftiger, noch abgedrehter, noch superknuper erfolgreicher sind!« Beifall, Jauchzen, Korkenknallen.

»Ich hatte trotzdem das Gefühl, die Agentur hatte sich aufgelöst«, erzählte Lisa. »Deshalb habe ich mich ziemlich schnell davongemacht. Ich habe behauptet, Niklas sei krank.«

»Du hattest dein Geschenk noch nicht aufgemacht«, sagte ich.

»Nein, darum bin ich herumgekommen.«

»Was war es denn?«

»Ich wollte es nicht haben. Ich habe es mitgenommen, und als ich auf die Straße kam, saß unten ein Penner, dem habe ich es gegeben.«

»Du hast es einfach weggegeben? Ohne zu wissen, was es war?«

»Ich musste mir diese Beleidigungen und Frechheiten nicht antun«, sagte Lisa.

»Aber einem Penner wolltest du sie antun?«
»Ich wollte einfach mit der Agentur nichts mehr zu tun haben.«
»Und was für ein Penner sitzt da im Freihafen? Wo nichts los ist? Bei der Kälte?«
»Tja, das habe ich mich nachher auch gefragt.«
»Oder«, fiel mir ein, »hatte er zufällig Ähnlichkeit mit dem Weihnachtsmann, der bei euch gewesen war?«
»Das kann sein. Ich weiß nicht. Oder jetzt im Rückblick – ja, möglich. Aber ich war so aufgewühlt, es war dunkel und ich wollte weg. Ich habe ihm das Päckchen gegeben und bin ins Auto gestiegen und ab.«
»Dann wirst du nie erfahren, was drin gewesen ist.«
»Doch«, murmelte Lisa kleinlaut. »Als ich den Motor angelassen hatte, kam dieser Penner noch mal angewankt. Ich hatte Angst und habe schnell die Knöpfe runtergedrückt, aber er war rührend freundlich und hat so süß gelacht und gewunken. Er wollte sich bedanken für das Geschenk! Er hat es mir gezeigt und hat richtig gejauchzt. Getanzt hat er vor Freude! Wirklich, ich habe selten jemanden so ausgelassen gesehen, so richtig glücklich. Naja, und deswegen gönne ich es ihm auch.«
»Wieso, was war es denn?«
»Meine Weihnachtsgratifikation.«

4

Am folgenden Morgen fand Niklas eine Eintrittskarte in seinem Adventskalender. »Weihnachtsmärchen!«, schrie er begeistert. »Wir gehen ins Weihnachtsmärchen!« Wir betrachteten die Karte. Es handelte sich um ein Ticket für die California Dream Men. Lisa nahm es unverzüglich an sich. »Weihnachtsmärchen, ja, genau«, sagte sie. »Morgen darfst du mit Papi hingehen.« Niklas jubelte. »Ich habe Chor«, fügte sie hinzu. Ich war damals noch ohne Argwohn. Der Zeitung hatte ich entnommen, die Vorstellung von ›Märchenzauberland‹ im Schauspielhaus sei unverschämt kurz. »Das ist gut, da gehen wir hin«, versprach ich. Und mahnte Lisa: »Frag Frau Görz nach dem Vorschul-Weihnachtsmann.«

Ich musste Eintrittskarten besorgen. Im Treppenhaus lauerte Frau Ehrenberg in ihrem Worpsweder Webkleid und gab vor, Topfblumen zu gießen. Sie hatte die Fensterbank mit Weihnachtssternen vollgestellt.

»Hübsch«, sagte ich. »Und passen in die Jahreszeit.«

»Morgen abend wird der Weihnachtsmarkt der Völker eröffnet«, erzählte sie. »Am ersten Abend gibt es immer die besten Angebote. Das nur als guter Rat. Im Museum für Völkerkunde.«

»Ich muss mit Niklas ins Weihnachtsmärchen«, erklärte ich. »Meine Frau hat Chor.«

»Es ist immer sehr stimmungsvoll«, fuhr sie unbeirrt fort. »Eine bolivianische Folkloregruppe spielt Adventslieder. Und für die Kinder tritt ein Weihnachtsmann auf.«

»Behalten Sie ihn im Auge«, sagte ich im Weitergehen. »Ich sehe mir inzwischen noch mal den auf dem Postamt an. Übrigens, die Weihnachtssterne sind herrlich.« Sie lächelte strohig.

In diesem Augenblick ertönte aus der Tiefe des Hauses ein gespenstisches Heulen. Es klang, als erwache ein im Mauerwerk eingeschlossenes Urtier und räkele sich unter jahrhundertealten Schmerzen. Sein Stöhnen und Kreischen drang aus der Epoche sterbender Riesenechsen zu uns herüber. Es jagte uns Schauer über den Rücken.

»Frau Schmökel«, sagte ich. Frau Ehrenberg nickte matt. »Jetzt übt sie wieder.«

Tatsächlich hörten wir die Schalmei von Frau Schmökel. Nun begannen aufs neue die Tage ihrer Engelsmusik. Das hölzerne Instrument war ein Familienerbstück, dessen Herkunft weit in die Geschichte zurückreichte. Frau Schmökel hielt es für wahrscheinlich, dass ihr Exemplar einst von jenen Hirten geblasen worden war, die an der Krippe dem Jesuskind aufgespielt hatten. Im vergangenen Jahr war ihr obendrein die Legende offenbart worden, die Schalmei sei ein göttliches Instrument, welches zur Geburt des Heilands von den Engeln auf die Erde herniedergebracht worden sei. Daraus entnahm sie ihre Bestimmung, zu Weihnachten durch die Straßen zu ziehen, heilkräftige Urtöne zu erzeugen und himmlisch inspirierte Verse vorzutragen. Wir kannten das Geräusch, seit wir hier eingezogen waren. Mit ihren Übungszeiten hielt sie sich an die Hausordnung. Doch entweder war mit den Jahresringen um ihren Leib auch die Lungenkapazität gewachsen, oder ihr anschwellendes Sendungsbewußtsein verlieh ihr immer bedenklichere Kräfte. Es war unmöglich, sich weiter auf dem Treppenabsatz zu unterhalten. Ich konnte mich nur noch zu einer Geste der Ratlosigkeit aufraffen. Die Gesichtszüge von Frau Ehrenberg drückten nicht mehr ganz soviel Harmonie und Überlegenheit aus wie zuvor. Doch sie blieb beherrscht. Wir alle blieben beherrscht, bis zuletzt. Weshalb ich auch abstreite, dass wir mit dem tragischen Schicksal von Frau Schmökel das Geringste zu tun haben.

5

Auf der Straße fuhr WG-Sebastian Kreise auf einem Damenfahrrad. Es war Lisas City Bike. »Alle Schrauben festgezurrt«, rief er. »Winterreifen aufgezogen.

Jetzt könnt ihr jeden Rodelhang bergauf fahren.« Vor ein paar Jahren hatte Sebastian den städtischen Posten des Fahrradbeauftragten ergattert. Für das Gehalt eines Studienrates beschäftigte ihn seither die Koordination allgemeiner Fragen des Radverkehrs. Niemand, auch nicht er selbst, wusste, was darunter zu verstehen war. Er hatte viel Freizeit. Gelegentlich begegneten wir ihm, wenn er Radwege durch persönliche Nutzung auf Tauglichkeit überprüfte. Vor allem aber betrieb er eine florierende Fahrradwerkstatt. Uns und den anderen im Haus bot er Rabatte auf Doppelhubluftpumpen an.

Er stieg ab. »Du hattest neulich ein Anti-Fest erwähnt«, sagte ich.

»Wir machen die totale Weihnachtsverweigerung«, versicherte er. »Kein Kranz, keine Tanne, kein Engel, kein Schmuck, null. Nix Nikolaus, nix Marzipan, und von wegen Stollen, gar nichts, kein Krümel, nicht mal eine Kerze, nicht das klitzekleinste Geschenk. Die ganze WG bleibt absolut weihnachtsfreie Zone.« Er strich liebevoll über den Sattel. »Du kannst jederzeit reinschauen und dich erholen.«

6

Der Erste, der Sebastians festfreie Zone aufsuchen musste, war Herr Pirsig. Ich traf ihn am Postamt. Eigentlich wollte ich nur den serviceorientierten Weihnachtsmann in Augenschein nehmen. Aber der war nicht da. Stattdessen waltete dort ein Beamter, der unter roter Mütze und Bart jämmerlich schwitzte. Der Bart war zu weiß, um echt zu wirken, und der Beamte zu echt, um kundenfreundlich zu sein.

»Hinten anstellen«, knurrte er, als ich vor ihm stand.

»Hier war neulich ein Kollege von Ihnen«, brachte ich hervor, »am Dienstag, einer mit witzigen Sprüchen.« – »Möglich ist alles«, sagte er. – »Kennen Sie ihn?« – Der Beamte erledigte etliche Arbeiten höchster Priorität, bevor er antwortete. »Das war eine Aushilfe, den hat die Zentrale geschickt.« – »Kommt er noch mal?« – »Sehen Sie nicht, wieviel ich hier zu tun habe?« Auch unter den Wartenden regte sich Unmut. »Kommen Sie nach Weihnachten«, rief einer, »wenn Sie nur quatschen wollen!«

Ich hatte das Amt schon verlassen, als ich draußen Herrn Pirsig vorbeischlurfen sah. Er schleppte zwei pralle Plastiktüten und sah bedauernswert aus. Schon ein einfacher Einkauf schien ihn zu überfordern. Angesichts dieser gebeugten Gestalt verblasste das im Haus kursierende Gerücht, er verbringe gelegentlich eine Nacht bei Frau Schmökel. Frau Ehrenberg hatte vertraulich durchblicken lassen, Frau Schmökel rücke immer zwischen Weihnachten und Neujahr in die dann sturmfreie Bude im Parterre. Zu Silvester, in einer Pause des Feuerwerks, sei von unten Frau Schmökels ekstatischer Schrei zu hören gewesen: »Mach mir den Hirsch!« Undenkbar, völlig abwegig bei dieser Konstitution.

Ich hatte mich hinter einem Pfeiler verborgen. Zu spät. »Herr Rupprich!« Ich kam mit verschränkten Armen hervor: »Ich kriege noch Geld von Ihnen, Herr Pirsig, für das Paket.« Er sackte auf eine Stufe. »Herr Rupprich, ich schaffe es nicht mehr.« Seine Stimme klang dünn und verzweifelt.

Knut Pirsigs Entschluss, seine Mutter schon vor dem Fest zu entsorgen, war ein verhängnisvoller Fehler gewesen. Das zeigte sich nun. In den vergangenen Jahren hatte er ihr am Heiligen Abend nach Plumpudding und Buttercremetorte gewöhnlich ein Menü aus Rahmsuppe, Gänseschmalz und Sahnespeise serviert. Darauf hatte sie regelmäßig gegen Mitternacht eine unerklärliche Gallenkolik erlitten und die folgenden zehn Tage in der Sonnenhaus-Klinik verbracht. In diesem Jahr, um eine noch längere Ruhezeit zu genießen, hatte Knut Pirsig sie bereits zu einem specksahneschmalzi-

gen Adventsessen eingeladen. Tatsächlich war sie noch vor der Nachspeise eingeliefert worden.
Er hatte sich auf friedliche Wochen eingerichtet. Doch nach wenigen Tagen war es mit der Ruhe vorbei. Bezaubert von der adventlichen Zuwendung der Schwestern und Ärzte, war Mutter Pirsig auf die Idee verfallen, die gesamte Belegschaft des privaten Spitals mit Geschenken zu überraschen. Per Telefon hatte sie ihrem Sohn die erschöpfende Namensliste der Mitarbeiter diktiert, nebst schwärmerischen Charakterbeschreibungen und dem Auftrag, für jeden etwas Persönliches auszusuchen.
Knut Pirsig, für den sonst die Mutter einkaufte, hielt es für ratsam, das Einkaufszentrum aufzusuchen, also das Shopping Center, das eigentlich City Mall hieß oder Forum Galeria, wenn nicht Palace Arcaden, und das in Laserschrift zum Einkaufen und Erleben einlud. Von einem kathedralen Bauch aus Terrakottakacheln, genopptem Metall und Echtholzparkett griff es mit verglasten Saugarmen in die vier Himmelsrichtungen, sog Passanten ins Warmluftgebläse und beförderte sie verdauend weiter. Knut Pirsig hatte nach wenigen Metern die Orientierung verloren. Als er in einem Anfall von Atemnot umkehren wollte, war es zu spät.
Geschoben von der schwitzenden Menge, beäugt von Wachleuten in Fantasieuniformen, benebelt vom

Aromadunst aus Klimaanlagen, ständig umspült von einer Lauge aus Weihnachtsmusik, war er immer tiefer in die tropische Biosphäre geraten, mit ihren stockwerkhohen Kübelpflanzen, Delikatessenbars, Kinderchören und Hostessen mit Preiselbeerpunsch. »Am Anfang war es gar nicht so schlimm«, sagte er, »ich dachte, jetzt werde ich meine Liste abarbeiten und dann rasch wieder raus, aber es wurde immer weihnachtlicher. Alles war voller glitzernder Lichter und Goldfolie und blinkender Sterne. Auf jedes Schaufenster waren künstliche Eisblumen gesprayt, und Weihnachtsdüfte kamen aus den Belüftungsschächten. Ich wollte nur ein paar Kleinigkeiten kaufen«, sagte er, »Socken und Aftershave und eine Krawatte, ein Puzzle vielleicht und Füllfederhalter, nur nützliche Dinge, das hatte meine Mutter gesagt. Aber es gab nichts Nützliches, alles war mit Lichterbäumen und Schneeflocken bedruckt. Ich habe kein einziges Paar Strümpfe gefunden, auf das nicht wenigstens ein Wichtel oder eine Kerze gestickt war, auf allen Krawatten tanzten Nikoläuse. Es gab nur noch Uhren mit Klingglöckchen und Weingläser mit Merry-Christmas-Aufdruck, selbst auf den Toastern und Frischkornmühlen fuhren Weihnachtsmänner durch Winterwälder, auf den Massagegeräten liefen Elche im Kreis, Hirsche sangen auf den Saftpressen und über die

Topfsets kletterten Teddys in Nikolauskleidung. Es gab nicht mal Küchenrollen oder Klopapier, auf dem nicht Rudel von Rentieren Geschenkschlitten zogen.«

»Wenn Sie nicht immer Ihrer Mutter die Einkäufe überlassen würden«, sagte ich unbarmherzig, »wären Sie das Gedränge gewohnt. So sind Sie in eine Art Verfolgungswahn geraten.«

»Nicht nur ich! Auch alle anderen haben schrecklich verwirrt ausgesehen und waren verängstigt mit aufgerissenen Augen und haben gesagt, es ist nie so schlimm gewesen, und wollten zum Ausgang, aber alle sind immer nur tiefer hineingeraten. Man konnte kaum atmen. Es roch ja aus allen Winkeln nach Glühwein und Bratwurst mit Nelken und Ingwer-Espresso und gezimteten Asianudeln. Überall standen Knusperhäuser und Stollenbäcker und Lebkuchentheken und Bläserchöre aus Petersburg, und Plastikengel flogen durch die offenen Stockwerke, eine riesige Weihnachtsmannpuppe sang ›Morgen Kinder, wird's was geben‹, lippensynchron, immer nur diese eine Zeile, und ein gigantischer Nussknacker hat dazu die Augen gerollt und den Mund auf- und zugeklappt.«

»Mit anderen Worten: Sie haben gar nichts gekauft?«

»Nichts, nein, gar nichts, nicht das geringste!«

»Aber Sie haben drei prallvolle Plastiktüten?«

»Das ist alles Reklame.« Er rückte die Tüten beiseite,

als müsse er sie vor meinem Zugriff schützen. »Ich wollte raus. Aber eine Verkäuferin, die ich um Hilfe angefleht habe, hat nur freundlich gelächelt und mich gefragt, ob ich ein zwölfteiliges Weihnachtsservice gewinnen will. Das wollte ich nicht und konnte ich nicht, obwohl es ganz einfach war, man musste nur sagen, wie es weitergeht bei ›O du fröhliche‹, einfach nur, wie der nächste Vers heißt.«

»O du selige«, sagte ich lässig.

»Es ist mir nicht eingefallen«, stöhnte Knut Pirsig. »Ich habe eine andere Dame gefragt, aber sie wollte wissen, wie ich Weihnachten verbringe, und hat mir ein Mikrofon vorgehalten, aber ich habe gerufen: Zum Ausgang, zum Ausgang! Da hat sie es gleich wieder weggezogen. Und eine Hostess hat mich gefragt, ob sie mir die neue Weihnachtskollektion vorstellen darf, ich weiß nicht von was, Teppiche oder Wellensittiche oder Pressluftgeräte. Ich habe sie angestarrt in meiner wilden Angst, da ist sie entsetzt zurückgewichen. Ich habe einen jungen Mann angefleht: Wo ist der Ausgang? Er hat geantwortet, ich soll meine Chance nutzen und ein Weihnachtslos rubbeln. Aber ich konnte längst nicht mehr rubbeln, ich musste weg und wollte auch nicht vom größten Christstollen der Welt probieren und nicht vom Erzgebirgspunsch und isländischen Moosträffeln, ich habe weitergedrängt ...«

»Das war falsch. Sie hätten gegen die allgemeine Richtung laufen sollen!«

»... und so stand ich plötzlich mit allen anderen im Zentrum, am weitesten entfernt von jedem Ausgang, in der zentralen Halle, im allerdichtesten Gedränge, wo die vier Passagen zusammenlaufen. Da schwebten Girlanden und Himmelsboten unter der Kuppel, und glühende Pünktchen flitzten die Fassaden entlang, es sollten Sternschnuppen sein, mir war schwindlig, aber ich konnte nicht umfallen, es war gar kein Platz. Und in der Mitte war ein Podest aufgebaut, für Märchenfiguren und Sängerknaben, und da stand eine Weihnachtsfrau. Eine Weihnachtsfrau, ja. Eine Frau im roten Weihnachtsmantel mit weißem Besatz. Und mit heiserer Stimme wetterte sie gegen den Weihnachtsmannwahn, gegen das ganze patriarchalische Fest.«

»Auf dem offiziellen Podium?«

»Ja, wie von einer Kanzel predigte sie ins Mikrofon. Ich glaube, niemand wusste, ob das ein Gag war oder ernst gemeint oder ein organisierter Programmpunkt beim Erlebniseinkauf. Auch die Uniformierten, die mit Security auf der Kappe, wirkten unsicher. Alle sahen ungläubig hin, weil man ihr Gesicht kaum erkennen konnte. Sie war verschleiert wie eine Orientalin und sprach durch ein weißes Tuch, man sah ihren Mund nicht, sondern hörte nur, was sie zu sagen hatte über die Rute des Weihnachtsmannes und über den Sack, und dass das aufhören müsse, dass es verboten gehört, dass er überall seinen Sack ausleert. Da gab es ein Murren im Publikum. Und das wurde lauter, als sie rief, die Frau sei die wahre Spenderin der Gaben, der Weihnachtsmann sei eine Fälschung, die Wahrheit sei vom Patriarchat unterschlagen worden zur Wahrung der Herrschaftsprivilegien, die Wahrheit sei sie, die Weihnachtsfrau. Ich glaube, die Security-Leute hätten sie jetzt vom Podium geholt, wenn da nicht dieses Kind gewesen wäre. Das hatte sich von seiner Mutter losgerissen und lief fröhlich die Treppen hinauf zu der Weihnachtsfrau, und die nahm das Kind auf den Arm und rief: Sehet die Kindlein! Sie kommen zu mir! Das Kind tätschelte ihr die Wangen, aber gleich darauf begann es schrecklich zu schreien, und nun sahen wir es auch: Es hatte ihr versehentlich den Schleier abgestreift, und alle sahen es nun: Ein Bart war darunter! Ein Weihnachtsmannbart!«

»Es war keine Frau?«

»Nein, ein verkleideter Mann! Ein richtiger bärtiger Weihnachtsmann. Blitzschnell hat er nun das Kind abgesetzt und wollte vom Podium runter, aber da standen ja überall Leute, und die Sicherheitsmänner drohten. Da hat er einfach hochgegriffen nach einer

Girlande und wollte sich wegschwingen, das ging auch, jedenfalls ein paar Meter. Aber er war wohl zu schwer, er plumpste nach unten. Die Leute stoben auseinander, und er riss die Girlande mit sich. Nun kam alles herunter, die Lichtervorhänge und Silberstores und die roten Stoffbahnen mit goldenen Litzen, die Leinen mit den Schleifen und Ballen leerer Geschenkpäckchen, Weidenkörbe voller Styroporäpfel. Und dann stürzten auch noch die Stoffhirsche nach, mit Kerzen im Geweih, und Pinguine im Purpurmantel und Pappkometen und Scharen geflügelter Boten, all die rosenwangigen Nikoläuse, die in Scharen an den Fassaden hingen. Alles prasselte nieder, es ist niemand verletzt worden, alles war ja ganz leicht und luftig, es gab nicht einmal Panik, höchstens Erschrecken, aber vor allem Verwirrung, Staunen, vereinzelt Applaus, in den andere einstimmten, weil es doch ein Erlebniseinkauf ist. Jedenfalls ist der Weihnachtsmann entwischt, diese falsche Frau, durch eine Seitentür, das konnte ich sehen, während die anderen nach oben starrten, woher immer mehr Überraschungen kamen. Aber ich bin ihm nach, ich wollte raus und bin hinterher durch die Seitentür, da war ein Gang, eine Ecke, noch eine Tür, da habe ich ihn in der Ferne gesehen, er stürmte durch den endlosen Gang mit gewundenen Klimaschläuchen unter der Decke, am Ende riss er eine Tür auf und war verschwunden. Ich konnte nicht so schnell, trotzdem, ich habe die Tür erreicht und habe sie aufgezogen, sie klappte hinter mir zu, plötzlich stand ich im Dunkeln. Da dröhnte ohrenbetäubende Weihnachtsmusik. Riesenhaft und alles verschlingend kam mir das Gesicht des Weihnachtsmanns entgegen, wüst und vernichtend, ich habe geschrieen, aber es war ein Film. Ein Weihnachtsfilm auf einer gigantisch gewölbten Leinwand.«

»Das Imax-Kino«, sagte ich fachmännisch. »Mit der neuen Dome-Projection.«

»Ich habe die roten Leuchten der Notausgänge erkannt und bin sofort raus. Da war ich auf der Straße, auf der Lieferantenzufahrt. Ich stand wie geblendet und wollte einen Schritt machen, da brüllte eine Fanfare auf. Ein schwerer Lastwagen mit wankendem Anhänger röhrte vorbei. Und es sah so aus, aber ich bin nicht sicher, als ob am Steuer dieser Weihnachtsmann saß, zumindest jemand im gleichen Kostüm. Aber da war er auch schon vorbei, und hinten drauf war zu lesen: Knecht-Ruprecht-Express. Ich hatte mich an die Wand gedrückt und stand wie betäubt, ich weiß nicht, wie lange, da kam eine Verkäuferin vorbei und wünschte mir ein gesegnetes und besinnliches Fest, da wollte ich weglaufen, aber ich konnte nur noch schleichen, und so bin ich geschlichen und jetzt bin ich hier.«

»Wissen Sie, was Ihnen jetzt guttäte? Sie sollten sich bei Sebastian erholen. Seine ganze WG ist eine weihnachtsfreie Zone. Und jeden im Haus lädt er zum Ausspannen ein.«

»Das Schlimmste ist«, klagte Knut Pirsig, »dass ich nun nichts für meine Mutter habe. Nur Abfall.« Er ließ mich in eine Tüte sehen. »Mir ist dauernd was zugesteckt worden. Spendenaufrufe, festliche Überraschungslose, Sonderangebote vom Christkind, Prospekte mit Geschenkideen und Superchancen mit Gewinngarantie, Kinderdorfbilder, fußgemalte Unicefkarten, mundgeblasene Kalender.«

»Das geben Sie am besten gleich Sebastian und Tina und Andi. Die entsorgen das fachgerecht. Aber da –« Mir war etwas aufgefallen. Aus der dritten Tüte, der größten, ragte so etwas wie die Spitze eines Gehörns.

»Ach, das ist nichts.« Er rückte sie beiseite und machte Anstalten, sich zu erheben. Aber ich war Seelsorger für seine Beschwerden gewesen, nun hatte ich ein Recht auf Information. Ein beherzter Griff. »Reklame«, sagte er noch schwach. Doch unter Faltblättern und Glückskarten kam etwas anderes zum Vorschein.

»Ein Fell für Ihre Mutter?« – »Nein, ja, genau, für meine Mutter, ein Fell.« Herr Pirsig erhob sich, er wollte weg. Wozu brauchte seine Mutter ein Fell mit Hörnern?

Zum Kostümieren? Aber es waren gar keine Hörner. Ich zerrte daran. »Lassen Sie mich.« Er riss sich los und zog weiter. Es war das Geweih eines kapitalen Sechzehnenders.

7

Ich versuchte, meinen Onkel Joseph zu erreichen. Es galt, den ungestörten Ablauf unserer Bescherung zu sichern. Nicht nur hütete Niklas mittlerweile einen fragwürdigen Schatz aus Zahnstein-Indikatortabletten, abgebrannten Knallern und einer Sammlung von Grabinschriften – alles Überraschungen aus dem Adventskalender. Er hatte darüber hinaus auf dem Weg zur Vorschule drei Weihnachtsmännern in den Bart gegriffen, daran gezerrt und sie vor den Augen gläubiger Kinder entlarvt. »Du bist nicht echt!« hatte er jedem von ihnen ins Gesicht geschrien. Ich hatte Onkel Joseph seit vielen Jahren nicht gesehen, aber ich war sicher, dass er ebenfalls keinen eigenen weißen Bart trug, geschweige denn ein echter Weihnachtsmann war.

Vielleicht hatten wir Joseph auch vorschnell und unüberlegt mit der Rolle betraut. Beim letzten Mal hatten wir Dreadlock-Andi engagiert, den Philosophen aus Sebastians WG, der sich Jahr für Jahr bei der studentischen Weihnachtsmannvermittlung Geld verdiente. Andi ließ sich durch grobe kindliche Verstöße gegen weihnachtliche Demut nicht irritieren. Onkel Joseph hingegen befand sich in einem Alter, in dem man Frechheiten von Kindern nicht mehr amüsant findet, sondern den Eltern anlastet. Das war keine gute Aussicht. Wir wollten ihm ein harmonisches Fest vorführen, nebst einträchtigem Familienleben. Es ging darum, mit der Sippe meines Bruders gleichzuziehen, die Onkel Joseph aus durchschaubaren Gründen immer häufiger einlud.

Dass wir ihn nicht nur über die Festtage gebeten, sondern ihm obendrein die Rolle des Weihnachtsmannes anvertraut hatten, war uns anfangs als besonders pfiffiger Coup erschienen. Damit wurde er als vollgültiges Mitglied in unsere glückliche Familie eingegliedert. »Auch in der Werbung«, hatte Lisa angemerkt, »kommt es darauf an, den Kunden fest an die eigene Marke zu binden.«

Skeptisch blätterte ich in einem Kochbuch, das auf Lisas Schreibtisch lag, ›Die Erotische Thai-Küche‹. Kulinarische Experimente waren bei Joseph absolut unangebracht. Er musste eine klassisch gefüllte Gans bekommen. Wenn Niklas ihm allerdings Niespulver, Knaller und Grabinschriften auftischen würde, wenn

er ihm überdies den Bart rauben wollte, um ihn als Fälschung zu beschimpfen, war eine einträgliche Kundenbindung ausgeschlossen. Dann würde Onkel Joseph ohne den Anflug eines schlechten Gewissens wieder zu meinem Bruder zurückschwenken.
Es war kein gutes Omen, dass ich Joseph nicht erreichen konnte. Auf Anrufbeantworter hinterließ ich ihm den dringenden Rat, extrem fest haftende Klebestreifen zu verwenden.

8

An dem Abend, den Lisa angeblich beim Chor verbrachte, saß ich mit Niklas zwischen plappernden Kindern und aufgeschlossenen Eltern unter dem brüchigen Barockhimmel des Stadttheaters. Die polypenhaften Wandleuchter waren mit Lametta behängt, Sterne leuchteten an den gerafften Gardinenstoffen, und auf dem dunkelroten Vorhang glitzerte ein Winterwald. Wir saßen in einem Konzert aus Rufen und Quengeleien und dem Klappen von Sitzen, das untermalt wurde vom unaufhörlichen Knistern einiger Hundert Bärchentüten und dem begleitenden raumfüllenden Schmatzen.
Ein Mann im Nikolauskostüm trat vor den Vorhang.

»Der Intendant«, raunte die Mutter des kleinen Mädchens neben uns. »Er macht es immer so stimmungsvoll.« Der weihnachtliche Intendant erklärte den Kindern, es gehe nun geradewegs hinein in das Märchenzauberland. Und dieses Land sei so beschaffen, da verwandele sich immer ein Märchen in das nächste, wie durch Zauberhand. In der Zeitung hatte es nüchterner geheißen, es handele sich um eine Revue der beliebtesten Märchenszenen, um einen Mega-Hit-Mix der Brüder Grimm. »Vieles werdet ihr erkennen«, sagte der Intendant. »Und diejenigen von euch, die alle Märchen erkennen, die also jedesmal richtig raten, die bekommen am Ende eine Überraschung! Von mir! Vom Weihnachtsmann!«
Unsere Nachbarin nickte uns zu wie den Konkurrenten in einem sportlichen Wettbewerb. Der Vorhang öffnete sich. Wir sahen eine Prinzessin um einen Brunnen aus Pappmaché hüpfen. Sie warf einen goldenen Ball in die Luft und gleich darauf in den Brunnen. »Oh! Mein goldener Ball! Ist er verloren?« Sie rang die Hände und setzte sich auf den Brunnenrand. »Froschkönig!«, riefen die allerklügsten der kleinen Kinder, auch das Mädchen neben uns. Niklas nicht. Die Prinzessin nickte stumm und wrang ein Taschentuch aus. Schon tauchte aus dem Brunnen ein beachtlicher Frosch empor. Statt einer goldenen Krone

trug er eine rote Weihnachtsmütze, doch er versprach, den goldenen Ball zu holen, wenn die Prinzessin ihn nur heiraten wolle. Ja, sicher, das wollte sie. Doch als er gleich darauf mit Gold im Maul wieder emportauchte, entriss sie ihm den Ball und lief davon. »Nein, du musst ihn heiraten!«, riefen die Kinder. »Er ist ein Prinz!« Die Prinzessin hörte nicht. »Das ist ein Prinz!«, riefen die Kinder. Der dicke Frosch watschelte hinter ihr her. »Du musst ihn küssen!«, riefen die Kinder. Die Prinzessin starrte den Frosch an. An die Wand werfen konnte sie ihn nicht. Er war zu schwer. Also küsste sie ihn. Blitz und Donner, Nebelschwaden. Aber da stand kein Prinz. Der Frosch hatte sich in den Weihnachtsmann verwandelt! Die Kinder jubelten. Die Prinzessin schien ein wenig überrascht.

Unsere Nachbarin nickte uns zu. »Der Intendant hat immer diese lustigen Ideen.«

»Heute, Kinder, wird's was geben!«, versprach der Weihnachtsmann. »Aber was? Was, meine holde Prinzessin, möchtest du essen zu unserem Hochzeitsmahl? Karpfen? Gänsebraten? Milchzicklein?« Die Prinzessin wirkte ein wenig ratlos. Entweder war die Szene nicht genug geprobt worden, oder der Dialog hatte anders ablaufen sollen. »Milchzicklein?«, wiederholte sie ungläubig.

»Na gut, in Ordnung. Also Milchzicklein«, bestätigte

der Weihnachtsmann. »Das kann ich besorgen. Dazu muss ich allerdings in meinen Wolfspelz schlüpfen.« Den holte er unter Bravos und Beifall aus seinem Jutesack. »Ach, und zum Nachtisch?«, fragte er die Prinzessin, während er sich in das Wolfskostüm zwängte. »Kuchen vielleicht? Und ein wenig Wein?«
Die Prinzessin nickte stumm. Ihr fiel nichts mehr ein. Doch das war auch nicht nötig; es gab einen Ruck, die Bühne setzte sich in Bewegung und der dicke Weihnachtswolf tappte schwerfällig an der Rampe auf und ab, während die Bühne sich drehte. Einige kleine Kinder mussten angesichts der räudigen Kreatur beruhigt werden. Dann öffnete sich ein bescheidenes bäuerliches Zimmer. Der Wolf hob das Haupt und schnupperte. Die Tür sprang auf. »Rotkäppchen!«, rief Niklas etwas voreilig. Sieben Ziegen, von Kindern gespielt, hüpften zur Tür herein. »Der Wolf und die sieben Geißlein!« rief das Mädchen neben uns. »Sie müssen Ihrem Sohn mehr vorlesen«, belehrte mich die Mutter.
Jetzt klopfte der Wolf an die Tür des Geißlein-Häuschens. »Oh, wer mag das sein?«, riefen die sieben Geißlein. »Hoffentlich nicht der große böse Wolf!« – »Ich bin's, eure liebe Mutter!« rief eine beleidigend schlecht verstellte Männerstimme. »Oh, unsere liebe Mutter!«, riefen die Geißlein. »Nein! Nein!«, schrien die

Kinder im Publikum. Die sieben Geißlein ließen sich nicht abhalten: »Schnell! Öffnen wir unserer Mutter die Tür!« – »Nein, es ist der Wolf!«, schrien die eifrigsten Kinder. »Der Weihnachtsmann!«, rief Niklas. Die Mutter des kleinen Mädchens musterte mich ernst.
Zu spät stoben die Geißlein auseinander. Grimmig griff sich der Wolf das erste und zog ihm einen Sack über den Kopf, schleifte das zweite hinter einem Stuhl, das dritte unter dem Sofa hervor. Jedes der sechs wurde gefangen und in einen Sack gesteckt. Einige Kinder im Publikum weinten und bekamen Schokolade zum Verschmieren der rotsamtenen Sitze. »Und das siebente?«, fragte der Wolf. »Hier wohnen doch sieben Geißlein? Bisher habe ich nur sechs!« Er trat an die Rampe: »Wisst ihr, wo das siebente ist?« Einige Kinder wollten sofort damit herausplatzen, doch die Eltern zischelten: »Scht!« Der Wolf klappte seine Schnauze über den Kopf, sodass Rauschebart und rote Mütze sichtbar wurden. »Ihr braucht keine Angst zu haben, ich bin's doch, der Weihnachtsmann! Na? Wo ist das siebente Geißlein?«
Ich konnte Niklas nicht bremsen: »In der Uhr! Es ist in die große Uhr gekrochen!« Er hatte recht, doch es war blamabel. »Petze!«, zischte das kleine Mädchen neben uns. Seine Mutter lächelte in spöttischem Mitleid. Der Wolf hingegen klappte zufrieden seine

Schnauze herunter: »Danke, mein Junge!« Ging stracks zur Standuhr, öffnete sie und griff sich das siebente Geißlein. »So, ihr dürft wieder spielen!«, sagte er zu den anderen sechs und nahm ihnen die Säcke vom Kopf. »Dieses hier sieht am leckersten aus, das reicht für die Prinzessin und mich! Nun brauche ich nur noch Kuchen und Wein!« Mit dem siebenten Geißlein im Sack, unter zwiespältigem Gekreisch der Kinder, begab er sich auf den Weg. Hinter mir klirrte eine Flasche zu Boden. Ihr schäumender Inhalt umspülte kurz meine Schuhe, bevor er die leichte Schräge abwärts zur Bühne rann.
Dort trat nun ein Mädchen in Tracht auf. Es hatte dunkle Haare und ein blasses Gesicht und hätte ganz gut einen giftigen Apfel essen können. Wohl deshalb und gestärkt durch die gute Zusammenarbeit mit dem Weihnachtswolf, vermutete Niklas: »Schneewittchen!« Grinsende Eltern vor uns drehten sich um, umsitzende Kinder kreischten vor bösem Vergnügen. Die Mutter rückte ab, um nicht für unsere Verwandte gehalten zu werden. »Rotkäppchen!«, riefen alle, denn das Mädchen spazierte mit einem Korb in der Hand die Rampe entlang und pflückte unsichtbare Blumen. Ich beschloss, Niklas zum Fest ein leicht fassliches Märchenbuch zu schenken und es Punkt für Punkt mit ihm durchzugehen.

Der Wolf sprach Rotkäppchen an. Was es da im Korb habe? Kuchen und Wein? »Ahja, perfekt.« Und wohin es gehen solle? Zur Großmutter? »Aha. Danke!« Er trabte zufrieden weiter, der sich öffnenden Szene entgegen. Einige Kinder wollten nun aufs Klo. Die Eltern tuschelten, gerade jetzt werde es spannend. Wir sahen Großmutters Waldhaus von innen. Die alte Dame lag im Bett. Der Wolf klopfte an. Großmutter richtete sich schwächlich auf. »Bist du es, Rotkäppchen?« – »Richtig geraten«, sagte der Wolf und trat ein. Großmutter erschrak: »Aber Rotkäppchen, was hast du für große Ohren!« – »Das ist nur ein Kostüm«, sagte er und zog es aus. »Ich bin der Weihnachtsmann.« Die Schauspielerin der Großmutter war auf dieses Stichwort nicht vorbereitet. »Aber was hast du für große Hände?«, fragte sie stur. – »Das ist nun mal so«, sagte er und stülpte ihr einen Sack über den Kopf. »Und jetzt Ruhe.« Einige Kinder, angestachelt von ihren begleitenden Großeltern, protestierten vergeblich. Auch neben uns wurden Bedenken geäußert. Während die Großmutter sich kraftlos wehrte, steckte der Weihnachtsmann sie in den Wolfspelz, zog den Reißverschluß zu und legte diesen neu gefüllten Wolf ins Bett. Sie hustete bellend. »Ja«, lobte er. »Das klingt echt.«

Nun trat Rotkäppchen ein. »Ei, Großmutter, was hast

du für große Ohren!« – »Das kannst du dir sparen, sie kann dich nicht hören«, antwortete der Weihnachtsmann. – »Ei, Großmutter, was hast du für große Augen!« – »Sie kann dich auch nicht sehen«, sagte er. »Um es kurz zu machen: Ich bin am Haus vorbeigekommen und habe so ein Schnarchen gehört, da habe ich gedacht, Mensch, der Alten fehlt vielleicht was, und trete ein. Na, da liegt der Wolf im Bett und schnarcht. Ich denke: Hat der sie etwa gefressen? Und schneide ihm den Wams auf, und ja, tatsächlich, da ist die Großmutter drin! Hier!« Er zog den Reißverschluß des Wolfkostüms auf. »Bitte sehr: Sie lebt noch!«

Rotkäppchen stand sprachlos da. Zweifellos hatte die Darstellerin den Wortwechsel auf der Probe anders gelernt. Der Weihnachtsmann kam ihr zur Hilfe. »Du willst jetzt sicher wissen, wie du es mir danken kannst«, vermutete er. Rotkäppchen nickte unsicher. »Dann gib mir einfach deinen Korb mit dem Kuchen und dem Wein«, fuhr er fort. »Das soll mir genug sein.« Kurz entschlossen nahm er ihr den Korb aus der Hand und verließ die Szene. »Ach, noch etwas«, rief er, während die Bühne sich zu drehen begann. »Wenn die Großmutter rausgeklettert ist, rate ich dir, den Bauch des Wolfs mit Wackersteinen zu füllen. Sonst frisst er euch am Ende doch!«

Der Weihnachtsmann trat an die Rampe. »Keine Angst, ihr lieben Kinder«, sagte er. »Jetzt habe ich mein Milchzicklein, ich habe meinen Kuchen, meinen Wein. Jetzt gehe ich zurück zur Prinzessin, auf mein Schloss, jetzt kehre ich heim.«
Doch das war nicht möglich. Das Schloss war überwuchert von üppigen Rosenhecken. Selbst an den Türmen rankten sich Blüten und Dornen empor. »Prinzessin!«, rief der Weihnachtsmann. Alles blieb still. »Prinzessin! Lass dein goldenes Haar herunter!« Die Mutter neben mir beugte sich flüsternd zu ihrer Tochter. »Rapunzel!«, kreischte das Mädchen. »Das ist nämlich nicht leicht«, erklärte mir die Mutter. Nun fielen auch andere ein. »Rapunzel! Rapunzel!« Stattdessen betrat eine verschleierte Dame die Bühne. »Die Prinzessin hat sich an einer Spindel gestochen«, erläuterte sie. »Sie ist in einen tiefen Schlaf versunken. Dann wuchs die Hecke riesengroß. Du musst über die Dornen klettern und sie wieder wecken, durch einen Kuss.« »Dornröschen!« schrien alle, auch die allerkleinsten Kinder. Niklas nicht; er hatte sein Pulver verschossen. »Weck sie auf! Du musst sie wecken!«, riefen die Kinder. »Du musst rüberklettern!«
Der Weihnachtsmann kratzte hier, schabte dort, nahm eine Rosenschere aus dem Mantel und piekte in die Pappe. »Tut mir leid«, gab er schließlich bekannt. »Das

ist mir zu stachelig!« – Die Fee war nicht vertraut mit dieser Wendung. Sie sprach streng: »Aber du musst die Hecke überwinden! Wenn du es nicht tust, muss die Prinzessin hundert Jahre schlafen!« – »Es gibt ja noch andere Frauen«, meinte er zuversichtlich.
Die Unruhe im Publikum wuchs. Von den Müttern war Murren und Protest zu vernehmen. Die Fee wandte sich zum Souffleurkasten. Von dort kam nichts, oder sie konnte es nicht hören, weil die Kinder forderten, der Weihnachtsmann müsse jetzt Dornröschen küssen.
Stattdessen trotteten auf seinen Wink hin sieben Zwerge aus den Kulissen. Sie trugen einen gläsernen Sarg. Darin lag ein blasses Mädchen mit schwarzem Haar. »Das, mein Kleiner«, sprach die Mutter neben uns und beugte sich zu Niklas, »ist Schneewittchen. Sag mal deinem Papi, er soll dir das vorlesen.« Die Kinder riefen schon Schneewittchens Namen. Die Zwerge setzten gerade umständlich zum vorgeschriebenen Straucheln an. »Vorsicht!«, rief der Weihnachtsmann. »Stolpert bloß nicht! Sonst wacht sie auf!«
»Das finde ich jetzt falsch«, sagte die Mutter des kleinen Mädchens. »Irgendeine Prinzessin muss er doch heiraten.« Es kam nicht dazu. »Husch, husch, zurück in eure Höhle«, befahl der Weihnachtsmann den Zwergen. »Und gebt bloß Acht beim Tragen!« Vergeblich

winkte Schneewittchen aus ihrem beschlagenen Glaskasten. Umsonst kreischten die Kinder. Von der anderen Seite humpelte schon eine Hexe herein. Verwirrte Bühnenhelfer schickten jetzt das verfügbare Personal auf die Bühne. »Ah, meine liebe Frau!«, sprach der Weihnachtsmann. »Mit ihr will ich ein Pfefferkuchenhaus backen. Vielleicht können wir ein paar hungrige Kinder anlocken!«
Er hatte kaum noch Rückhalt im Publikum. Etliche Eltern machten Anstalten aufzubrechen. Er hielt es für angebracht, sich direkt an die Kinder zu wenden. »Erst warmen Pfefferkuchen, dann ein kühles Bier!« sagte er. »Denn heute back ich, morgen brau ich, übermorgen hole ich das Christkind ab. Ach, wie gut, dass niemand weiß, wie ich heiß!«
»Weihnachtsmann?«, wisperte Niklas unsicher. »Rumpelstilzchen!«, riefen die anderen Kinder. »Ja, liebe Kinder«, sprach der Weihnachtsmann. »Jetzt, zum Schluss spiele ich für euch das Rumpelstilzchen. Denn ich verfüge über Zauberkraft. Ich kann Gold zu Stroh spinnen. Und nun kommt die Überraschung für euch, aber nur für die, die richtig geraten haben!« Das kleine Mädchen neben uns rutschte aufgeregt auf dem Sitz hin und her.
»Für euch, die ihr richtig geraten habt, spinne ich Gold zu Stroh. Bittet also eure Eltern um alles Gold, das sie

tragen. Ich nehme Armreifen, Broschen, Uhren, Halsketten. Bringt es mir auf die Bühne. Aus diesem Gold zaubere ich speziell für euch reines trockenes Stroh! Echtes Weihnachtsmannstroh! Kommt, bringt es her zu mir!«

Die Kinder redeten aufgeregt auf die Eltern ein. Handgemenge entstand. Das kleine Mädchen neben uns zerrte an Armreif und Kette der Mutter. Vor uns, hinter uns, überall wanden sich Eltern wie unter einer Bande kindlicher Gangster. »Ich nehme auch Autoschlüssel!«, rief der Weihnachtsmann in den Aufruhr. »Das ist zuviel«, ächzte die Mutter neben uns außer Atem. »Das geht zu weit.« Die meisten Eltern hatten sich von den Plätzen erhoben und fuchtelten, als wollten sie Ungeziefer abschütteln. Die Kinder schrien nach Schlüsseln und Gold. Zufrieden und mildtätig, so herzensgut, wie nur ein Weihnachtsmann aussehen kann, betrachtete der Anstifter von der Bühne aus all das Chaos und Gewirr und Gezeter.

Da betrat ein unscheinbarer Herr im Sakko die Bühne. Beruhigend, wenn auch erfolglos, hob er die Hände und setzte an, etwas zu erklären, das unterging in Protest und Getümmel. Die Mutter neben uns starrte auf die Bühne. »Das«, sagte sie verwundert und gab ihrem handgreiflichen Kind eine Ohrfeige, »ist der Intendant!«

Dann ging alles sehr schnell. Bühnenhelfer schleppten einen meterlangen blonden Zopf herein, Rapunzels Haar. Das schnappte sich der Weihnachtsmann und warf es dem Intendanten zu. Der wollte fangen, griff in die Luft und rutschte aus. Alle liefen zusammen, um ihm aufzuhelfen. Nur der Weihnachtsmann nicht. Der zog sich rasch und diskret in die Kulissen zurück.
»Ich dachte, der Intendant hat mitgespielt«, staunte die Mutter. »Ich dachte, er hatte die Hauptrolle. Aber dann war das wohl …« Sie dachte nach.
»Der Weihnachtsmann«, sagte Niklas. Diesmal hatte er recht.

9

Einige Tage später, Niklas hatte inzwischen Knoblauchpillen im Adventskalender gefunden, ferner ein Vogelspinnen-Tattoo sowie Schnipsel brüchiger Zehennägel mit einem Echtheitszertifikat vom Weihnachtsmann, fing Frau Schmökel mich im Treppenhaus ab. Sie hatte meine Schritte erkannt und öffnete die Tür.
»Nur ganz kurz«, raunte sie. »Herr Rupprich, Sie als Mann – wie finden Sie das?« Sie meinte ihr Kleid.

Glockenblumenblau und sternenübersät wogte es wie ein Duschvorhang um ihren Sumo-Körper.
»Das sieht himmlisch aus.«
»Und hier – was sagen Sie dazu?« Mit gymnastischer Grazie schwang sie zuerst das eine, dann das andere Bein nach vorn. Zuerst glaubte ich, sie zeige mir ihre bloßen Füße. In Wahrheit trug sie hautfarbene Gummistrümpfe, strammsitzend wie ein Tauchanzug. Sie gaben ihr den Anschein der Barfüßigkeit.
»Verblüffend«, gab ich zu. »Aber was haben Sie im Sinn mit dieser Verkleidung?«
»Sie haben noch nicht alles gesehen«, sagte sie stolz und wandte sich um. Ein Paar goldfarbener Plastikflügel wurde im Rücken sichtbar; sie waren zwischen den Schulterblättern aufs Kleid genäht.
»Sie sind ein Engel, Frau Schmökel!«
»Sie sagen es. Und nun aufgepasst!« Sie nestelte an ihrem Kragen, fand ein weißes Bändchen und zog daran. Die beiden Flügel bewegten sich und klappten auf und zu wie bei einem sterbenden Schmetterling. Ich dachte an das Hirschkostüm von Herrn Pirsig. Und die angekündigte Fete der Tageszeitung fiel mir ein, eine Singleparty unter dem Motto »Nikola sucht Nikolaus«. Alle sollten weihnachtlich erscheinen.
»Sie wollen auf ein Kostümfest?«
»Kostümfest!« Eine feuchte Wolke der Missachtung

stäubte aus ihrer Nase. »Meine Aufgabe ist wohl ein wenig wichtiger! Und auch Sie sollten sich an dieser Aufgabe beteiligen!« Sie griff hinter sich und förderte die unheilvolle Schalmei zutage.

»Das wollte ich Ihnen übrigens noch sagen, Frau Schmökel«, erklärte ich hastig. »Wir finden, und zwar wir alle hier im Haus, dass Sie bereits perfekt spielen. Mit vollkommenem Wohlklang! Sie brauchen überhaupt nicht mehr zu üben.«

»Ich weiß. Ich spiele ja lediglich Ihnen und allen anderen zur Freude.«

Zunächst glückte ihr nur ein Fauchen, darauf ein Quieken, dann wurde das Treppenhaus von jenem dröhnenden Beben erschüttert, das bereits zwei Fensterscheiben gesprengt und die Risse im Putz mietmindernd vergrößert hatte. Ich hörte den Nachhall im Keller, wo meine kostbaren Weine schockartig kippten. Schnaufend setzte sie ab. »So bringe ich die gute Botschaft!«, erklärte sie, während sie den Speichel aus dem Instrument auf die Fußmatte schüttelte. »Ich werde als Engel durch die Straßen ziehen und allen Menschen Gutes verkünden. Damit es warm wird in den Herzen. Wissen Sie«, sie spähte die Treppe hinunter und senkte die Stimme, »eine Gefahr geht um in dieser Vorweihnachtszeit!«

»Ein neues chinesisches Grippevirus, ich habe davon

gelesen. Passen Sie auf, dass Sie sich nicht erkälten, wenn Sie in diesem Aufzug durch die Straßen ziehen!«

»Grippe!« Sie ließ das bittere Lachen verkannter Weisheit hören. »Sie Ahnungsloser! Na, dann nehmen Sie wenigstens ein paar gute Worte mit auf den Weg. Hier!« Sie kramte einen zerknitterten Zettel hervor. »Mach hoch die Tür, die Tor mach weit, lass Licht ein in der dunklen Zeit. Und schlägt geballt das Schicksal zu, besinnt man sich, kommt auch zur Ruh. Nicht Materielles sei dein Ziel, im Geben und Lieben liegt ganz viel!«

»Ich werde darüber nachdenken«, versprach ich.

»Und dies noch«, rief sie mir nach. »O Tannenbaum, o Tannenbaum, 's ist Weihnachten, man glaubt es kaum! Ich wünsche euch desgleichen viel, denn Glück und Freude ist das Ziel!«

»Mit solchen Versen werden Sie viele Menschen rühren.«

»Und dies!« Ich stand schon auf dem mittleren Treppenabsatz und sah mit Verwunderung, dass aus Frau Ehrenbergs Blumenkästen seltsames Kraut spross und die Weihnachtssterne überwucherte. »Süßer die Glocken nie klingen als zu der Weihnachtszeit, auch ihr könnt weinen und singen, es siege die Menschlichkeit!«

»Alle Achtung! Und das haben Sie alles selbst gedichtet? Wieder in diesem Volkshochschulkurs?«

»Volkshochschulkurs?!« Es klang, als hätte ich sie zum Ringkampf gefordert. »Ja, wissen Sie denn gar nicht, was los ist? Herrje, Herr Rupprich! Hat Ihre Frau denn gar nichts erzählt? Und wissen Sie nichts von der alten Frau Pirsig? Kriegen Sie denn kein bisschen mit?«
Nur noch eine dünne innere Wand aus Weihnachtspapier trennte mich von einem zerstörerischen Ausbruch. Die Belastungsgrenze war überschritten. Immer noch schwang der Schmökelsche Schalmeienton als Tinnitus in meinen Ohren. Und doch, um die Lautstärke des Gespräches zu dämpfen und nicht alle im Haus zu Zeugen zu machen, stieg ich die Treppe wieder aufwärts.
»Herr Rupprich!« Es klang wie eine ultimative Mahnung. »Ein böser Weihnachtsmann geht um!« Es war, als wolle sie mich an den Schultern rütteln. Sie sah mir ernst in die Augen.
Heute kommt es mir vor, als habe bereits in diesem Blick eine Ahnung von dem Geschick gelegen, das sie ereilen sollte. Auch ich selbst spürte ja bereits den Hauch eines Unbehagens, wenn ich an unsere Bescherung dachte. Doch an jenem Nachmittag im Treppenhaus bemühte ich mich noch, souverän zu erscheinen und Warnzeichen zu ignorieren.

10

Der abendliche Dichtkurs, entnahm ich Frau Schmökels Entrüstung, war in diesem Jahr ganz anders verlaufen als in allen Jahren zuvor. Zwar hatten sich im Klinkerbau der Gewerbeschule mit dem graugeflammten Linoleum und den einschlagsicheren Drahtglastüren dieselben Dichterinnen versammelt wie immer. Doch der Dozent war ein anderer. Dass er im Gewand eines Nikolaus auftrat, wurde noch allgemein begrüßt. Dass er erklärte, Humor könne nicht schaden, nicht einmal in Weihnachtsgedichten, fand ebenfalls Zustimmung. Die Art seines Humors hingegen nicht.

»Wir sollten Reime ersinnen, und das ist neben der Blasmusik meine große Stärke!«, berichtete Frau Schmökel. »Aber er war nie einverstanden! Ich sollte immer etwas anderes finden. Es war ganz schlimm. Zum Beispiel: Machen Sie einen Reim auf Weihnachtsbaum! Na, ich habe nachgedacht und dann vorgeschlagen: Man glaubt es kaum! Das ergibt doch einen Sinn! Aber er hat gesagt: Weihnachtsbaum – versuchen Sie es mal mit Seifenschaum. Oder mit Abstellraum. Und Hosensaum! Na, ich danke! Das ist doch nicht festlich! Aber, Herr Rupprich – kommen Sie rein!«

Sie zog mich in den dämmerigen Flur ihrer orientalischen Brücken und Eichenmöbel, zwischen die ornamentierten Streifentapeten mit elegisch gerahmten Bildern von steifkragigen Ahnen und versunkenen Sommerfrischen.

»Und es wurde noch schlimmer. Was, wollte er wissen, reimt sich auf Weihnachtszeit. Wir haben reiflich überlegt, dann kam uns die Idee: Große Freud! Nein, das war ihm wieder nicht recht. Er hat vorgeschlagen: Weihnachtszeit – Heiserkeit oder Schwarzarbeit. Na, das geht doch nicht! Oder: An andere denken. Schwierig, natürlich! Und doch habe ich etwas gefunden: An andere denken – auch was schenken! Aber nein, das gefiel dem Herrn nicht. Sein Vorschlag: An andere denken – Cognac schwenken oder Blutdruck senken oder was mit Hüftgelenken. Na, damit sollten wir nun etwas dichten!«

»Haben Sie es versucht?«

»Ich bitte Sie! Sagen Sie doch selbst! Was würde Ihnen denn einfallen? Sagen wir zu – Kripplein im Stall? Bitte, einen Reim! Herr Rupprich! Kripplein im Stall! Aber kommen Sie in die gute Stube, setzen Sie sich.«

»Das geht nicht! Ich muss mit Niklas zum Haltungsturnen!« Ich scheute die düsteren Sessel mit den selbstgehäkelten Lehnenschonern, den Eierlikör und die Spendenschiffchen der Seenot-Rettungs-Gesellschaft. Frau Schmökel war Sachbearbeiterin in diesem Verein, was jedem einleuchtete, der sie wie eine Rettungstonne durch die Straßen treiben sah. Im übrigen empfing sie gelegentlich Freundinnen und genoss täglich die Gesellschaft zweier grämlicher Wellensittiche. Ich blieb im Flur stehen, gleich neben der angebräunten Urkunde für erfolgreiches Flöten im Spielmannszug.

»Also, Kripplein im Stall!«

»Na, vielleicht: mit freudigem Schall?«

»Genau!« Sie sah mich erstaunt an. »Das ist mir auch eingefallen! Aber doch nicht Schlaganfall oder Brechdurchfall! Genau das hat dieser Weihnachtsmann vorgeschlagen. Und Harfenklang? Da musste ich nachdenken. Dann fiel mir ein: Lobgesang! Ja, und er? Bauchumfang, Heringsfang. Zu Heiland geboren ist mein ganz persönlicher Vorschlag: Kindlein erkoren. Na, er empfahl: Heiland geboren – kahlgeschoren und Segelohren! Ich bitte Sie! Und was fällt Ihnen ein zu Jubilieren?«

»Nichts mehr. Ich muss weg. Jubilieren, vielleicht: musizieren?«

»Herr Rupprich, ja, Sie sind begabt! Und nicht Ausquartieren oder Wandernieren.«

»So etwas hat dieser Dichtlehrer vorgeschlagen?«

»Das war kein Dichtlehrer, Herr Rupprich. Nikolaus

und Leichenschmaus! Tannenspitzen, Einwegspritzen! In stiller Stund, Gedächtnisschwund. Nein, habe ich gesagt. Schluss. Herz und Mund – Scheidungsgrund, Herr Dichtlehrer! Auf Wiedersehen! Und die anderen haben auch ihre Sachen gepackt.«

»Und wie hat er reagiert?«

»Er wirkte ganz zufrieden.«

»Wissen Sie, wie er hieß?«

»Er hat sich nicht vorgestellt. Es war auch nirgends nachzulesen.«

»Haben Sie eine Vermutung?«

»Ja, ich habe eine Vermutung! Erinnern Sie sich an den Weihnachtsmann im Postamt? An diesen Frechen?«

»Ja, so einen ähnlichen habe ich im Weihnachtsmärchen gesehen.«

»Nicht ähnlich! Es ist derselbe, Herr Rupprich! Ein Weihnachtsmann geht um, der Verwirrung stiftet und Zwist. Gerade bei den guten Menschen. Und deshalb müssen wir uns zusammentun. Alle Menschen, die guten Willens sind. Sie haben die gleiche Begabung wie ich, Herr Rupprich. Was ist Ihr Vorschlag zu Kindelein?«

»Ich muss weg. Kindelein – zart und fein?«

»Ja, ja! Und doch nicht Waffenschein, Gallenstein, Raucherbein! Und, sehen Sie, die Engelein kommen herab zur Erden …«

»... denn es soll Weihnacht werden! Und darum alles Gute, Frau Schmökel!«
»Ja, ja! Weihnacht werden – und doch nicht Älterwerden mit Darmbeschwerden! Nein, das war kein Dichter, das war kein Lehrer, Herr Rupprich, das war ein böser Weihnachtsmann! Derselbe wie im Postamt. Derselbe, der in der Sonnenhaus-Klinik bei Frau Pirsig war und dort den Tumult verursacht und den schönen Chorgesang Ihrer Frau verunglimpft hat!«
Das war mir neu. Lisa hatte von jenem Abend nur Erfreuliches erzählt. Alle Türen der Krankenzimmer hätten offengestanden, nach jedem Lied hätten die Patienten rührend und dürr applaudiert, einige hätten sogar brüchig mit eingestimmt, und die Ärzte und Krankenschwestern hätten selbstgebackene Kekse verteilt, und alle seien dankbar und bewegt gewesen und hätten den Chor gelobt. Aber Tumult?
»Sie wissen doch, was mit Frau Pirsig passiert ist?« fragte Frau Schmökel.
»Sie ist doch nicht etwa gestorben?«
»Im Gegenteil! Sie ist aus der Klinik entlaufen! Weil das Chorkonzert so schrecklich war! Und jetzt ist sie unten bei ihrem Sohn eingezogen! Der arme Mann! Ja, sagen Sie mal, verschweigt Ihre Frau Ihnen etwas?«

11

Aus heutiger Sicht wäre es gut gewesen, Frau Schmökel nach ihrem intimen Wissen zu fragen. Jetzt kann sie es nicht mehr preisgeben, jedenfalls nicht auf herkömmliche Art und schon gar nicht im Treppenhaus. Doch das ahnte ich natürlich nicht. An jenem Tag wollte ich keine Schwäche zeigen. Immerhin hatte sich meine Gewohnheit bewährt, Unstimmigkeiten zu übersehen und offene Fragen offenzulassen. Die Ehe mit Lisa war harmonisch verlaufen, seit wir über Schwieriges nicht mehr redeten. Sollte ich mit Frau Schmökel darüber reden?

Zu diesem Zeitpunkt erwartete ich auch noch ein ganz gewöhnliches Familienweihnachtsfest, wenngleich sich Zweifel meldeten. Niklas hatte im Adventskalender inzwischen einen Fragebogen für die Pflegeversicherung gefunden und dazu das Passwort für den Computer. Etwas von meiner Verwirrung darüber ließ sich nicht beschwichtigen. Auch wenn ich beschäftigt war, und erst recht, wenn ich nur so tat, rumorte eine Unruhe im trüben Teich meines Inneren. Und nur allmählich und widerstrebend gab ich dieser Unruhe nach.

So spielte ich als Unwissender die mir zugedachte Rolle im Plan des bitterbösen Weihnachtsmannes.

Als ich sie endlich durchschaute, blieb mir nichts anderes übrig, als sie zu übernehmen und ganz bewusst weiter und bis zum Ende zu spielen.

12

Die Kiste leerer Bierflaschen vor der Tür von Herrn Pirsig, gleich neben der Fußmatte, gehörte zum bewährten Inventar des Hauses. Gewöhnlich dünstete daneben ein Paar breitmäuliger Schuhe den Schweiß des Scheiterns aus. Diesmal stand ein verkohlter Napfkuchen auf der Fußmatte, zum Ausdampfen aus der Wohnung verbannt, der achtbare Versuch von Knut Pirsig, seiner Mutter einen Willkommensgruß zu bereiten.

Die Mutter besaß eine eigene Wohnung auf der anderen Seite des Blocks. Zu ihrem Sohn kam sie alle zwei Tage am späten Vormittag. Sie schüttelte die Bettdecken aus und legte sie über die Balkonbrüstung, wusch Gardinen und Bezüge, spülte Geschirr, räumte, putzte, versah alle Tätigkeiten einer Haushälterin und bezahlte obendrein die Treppenfrau, weil ihr Sohn stets im entscheidenden Augenblick kein Geld hatte. Als Gegenleistung erwartete sie, dass er sie zu Ostern und Pfingsten einlud, selbst-

verständlich zu seinem Geburtstag und vor allem an Heiligabend.
Dass das Weihnachtsessen jedesmal mit ihrer kolikbedingten Einlieferung in die Sonnenhaus-Klinik endete, war wie das letzte verbliebene Aufbegehren im Leben Knut Pirsigs. Immerhin hatte die Verbindung mit seiner Mutter jede andere Liaison vereitelt. Und falls sie nur etwas ahnte von dem Gerücht mit Frau Schmökel, dann erhielt sie ihre haushälterische Tätigkeit womöglich nur aufrecht, um ihren Sohn vor solchem Unheil zu bewahren.
Als Herr Pirsig öffnete, wirkte er übernächtigt und fahl. Der rotblonde Bart löste sich in Flusen auf, und das Blau der Augen war zu trüber Wässerigkeit verdünnt. Gleichgültig ließ er mich ein. Im Flur beleuchtete eine japanische Ballonlampe die eingestaubten Bücherborde der Studentenjahre sowie einige Zeitungsstapel, deren präzise Ausrichtung von seinen Versuchen zeugte, sich und der Welt eine Ordnung zu geben. Eine Spur von Kaffeeflecken in der Auslegeware führte ins Arbeitszimmer, wo er neben seinem Computer eine Schachtel mit Sexy Clips und digitalen Busenwundern hütete. Ich spähte nach dem Hirschkostüm, vergebens; wenn damit ein Geheimnis verbunden war, hatte er es sorgsam verborgen.
Die Mutter lag im Wohnzimmer. Hier kam Licht von

einer Bodenlampe aus gelblichem Salzkristall. Das Pettigrohr-Rollo war herabgelassen. Die Mutter dämmerte auf jener formlosen Couch der Referendarzeit, aus der auch ihr Sohn nicht mehr ohne Anstrengungen hochkam. Sie starrte auf das Stones-Plakat, das neben der Andy-Warhol-Banane und einer Fjordansicht die Wand schmückte. Bei der stillgelegten Kuckucksuhr über der Tür handelte es sich um ein mütterliches Mitbringsel, das Herr Pirsig witzig fand. Im übrigen gab es eine Stereoanlage, ein Fernsehgerät, einen Schrank für Gläser sowie als Gruß des Lebens eine gramgebeugte Riesenfingerpalme.
Knut Pirsig plumpste in den styroporgefüllten Knautschsack, goß sich ein Bier ein und äußerte: »Mutter, Herr Rupprich ist da.« Wegen meines dreisemestrigen Medizinstudiums wurde ich im Haus als Arzt konsultiert. Die Mutter reagierte mit der Verzögerung, die dem Stillstand in diesen Räumen angemessen war. Dann kam sie in Gang, zögernd zunächst, als müsse sie die Trümmer ihrer Identität zusammensuchen; dann steigerte sie sich bedenklich und erreichte schließlich eine unangenehme Intensität.

13

An dem Tag, für den die Weihnachtsfeier der Sonnenhaus-Klinik angesetzt war und an dem der Chor einschließlich Lisa auftreten sollte, war auch der Weihnachtsmann vor dem Portal erschienen. Wer ihn bestellt hatte und ob überhaupt, blieb unklar. Er stieg aus einem altmodischen LKW, betrat die lichte Eingangshalle und winkte wohlwollend dem Pförtner zu. Die Tropenfische im Aquarium stoben auseinander, als er gegen die Scheibe pochte. Dann stapfte er über die breite Perserbrücke, die jedem Besucher klarmachte, dass man hier qualitätsbewusst krank war. Schwestern und Ärzte bemerkten ihn nicht; sie waren mit der Vorbereitung der kleinen Feier beschäftigt. So konnte er ungehindert durch die hellgelben Flure schreiten, die nach Orange und Bergamotte dufteten statt nach Desinfektionsmitteln und deren Wände behängt waren mit Grafiken, die der Chefarzt von der Steuer absetzte. Dieser Doktor Sonnenhaus hieb um diese Zeit längst das Gras von einem Golfplatz der Bahamas, vermutlich als Partner jenes akademischen Händlers, bei dem er seinen Professorentitel preiswert erworben hatte.

Statt seiner begann nun der Weihnachtsmann die Chefvisite. Edel und großmütig wie der Herr Profes-

sor, doch eindeutig festlicher gekleidet, betrat er die hellgrünen Zimmer mit den Teakholzmöbeln und den zartgelben Bettbezügen und den flimmerfreien Fernsehgeräten, die auf Kühlschränken standen, in denen der Weißwein der Patienten temperiert wurde.
»Was für eine Freude, Sie hier zu sehen«, erklärte er an jedem Bett und las, genau wie der Chef, den Namen des Patienten von der Tafel am Kopfende ab. »Dass Sie über die Feiertage bei uns sind, empfinden wir als ein besonderes Weihnachtsgeschenk!«, sagte er. »Denn Sie gehören wirklich zu den exquisitesten unserer erstrangigen Patienten.«
Mit dieser Fachsprache waren die Patienten vertraut. »Sie sind es, Herr Professor!«, vermuteten sie hoffnungsfroh. »Aber wo denken Sie hin?«, entgegnete er. »Ich bin der Weihnachtsmann!« Die meisten, nun vollends sicher, lachten erleichtert. »Und werde ich bald entlassen?«, fragte jeder. – »Wenn Sie wollen, noch heute«, versicherte er. »Aber bitte genießen Sie vorher noch unsere kleine Weihnachtsfeier!«
Damit legte er allen einen zundertrockenen Tannenzweig aufs Laken und hing zugleich ein buntes Päckchen an jenen Stahlrohrgalgen, an dem sie sich zu den Mahlzeiten aufrichteten; allerdings befestigte er das Geschenk stets außer Reichweite, sodass sie sich vergeblich streckten. »Das ist unsere neu entwickelte

Sonnenhaus-Bewegungs-Therapie«, erläuterte er gütig. »Das Päckchen dient als Anreiz. Versuchen Sie, es zu erreichen. Es lohnt sich! Ja, üben Sie ein bisschen. Dann sind Sie Heiligabend so weit.«

Mit derlei Ratschlägen begann das Unheil, weniger für die Patienten als für die Klinik selbst und mehr noch für die Familien, die ihre betagten Tanten und Opas hier abgelegt hatten, um unbelästigt zu feiern oder nach Fuerteventura zu reisen.

»Allein schon dieser trockene Tannenzweig!«, zürnte Frau Pirsig, als sie in Fahrt gekommen war mit ihrem Bericht. »Der begann doch schon bei der ersten Bewegung zu nadeln! Gott, auf einmal piekte es überall im Bett! Die Nadeln hatten sich ins Laken gebohrt. Wir haben nach den Schwestern geläutet, nach den Pflegern, aber niemand kam. Herrje, und als sie dann kamen, viel zu spät, gute Güte, da sahen sie furchtbar zugerichtet aus!«

Das lag daran, dass der Weihnachtsmann auf seinem Weg durch die Wellness-Gefilde kurz am Wachzimmer haltgemacht hatte, wo das Personal sich mit Jahrgangs-Champagner in Stimmung brachte. Ausdrücklich als professoralen Gruß aus der Karibik hatte er einen Kasten schenkelgerollter Zigarren hineingereicht und war mit viel Applaus und Hallo bedacht worden. Ob er die Tür des Wachzimmers dann gleich eigenhändig verschloss oder ob ein rachsüchtiger Patient das tat, ließ sich später nicht mehr ermitteln. Die Tür war jedenfalls verschlossen, als der unwahrscheinliche Qualm der Zigarren in toxischen Wolken zur Sprinkleranlage aufstieg.

Unterdessen begab sich der Weihnachtsmann ungestört von Zimmer zu Zimmer und forderte die Patienten auf, sich nach seinen unerreichbaren Gaben zu strecken. Zuerst erntete er noch Lachen und frohen Zuspruch, bald folgten ihm Quengeln und Lamentieren. »Einige sind nämlich rangekommen an ihre Päckchen«, erzählte Frau Pirsig. »Gott, was da alles drin war! Leere Ampullenfläschchen, Hülsen von Tablettenschachteln, ausgedrückte Medikamentenfolien, alte Spritzen! Gute Güte, Herr Rupprich, was für Geschenke!« Offensichtlich hatte der Weihnachtsmann im Keller jene Sondermüllsäcke geplündert, die vollgestopft waren mit Abfällen aus dem Großversuch an lebendem Patientenmaterial. Dergleichen pharmazeutische Dienstleistungen musste die Klinik unternehmen, um Spekulationsverluste des Professors auszugleichen.

Einige Patienten, vor allem jene, die den Professor persönlich vom Golfplatz kannten, schmunzelten noch höflich über die eigentümlichen Gaben. Als er jedoch darauf verfiel, Kerzen auf Gipsfüße zu pappen,

Kopfhörer mit elastischen Binden stramm aufs Haupt zu wickeln und Schweiß mit Zuckerwatte abzutupfen, begannen die Kranken, sich auf ihre Gesundheit zu besinnen. Immerhin bedurften die wenigsten von ihnen einer intensiven Behandlung. Sie lagen hier, weil sie es sich leisten konnten und gerne krank waren oder weil ihre Verwandten eine Magenverstimmung in mehrwöchigem Aufwand professoral abgeklärt wissen wollten. Gewiss war im geschmackvollen OP gelegentlich eine Mandel entnommen, ein Nierenstein zertrümmert oder ein Blinddarm geborgen worden. Doch die unablässig blinkenden und piepsenden Geräte dienten mehr der Vortäuschung akribischer Beobachtung als einer realen Funktion.

Gleichwohl wunderten sich etliche Klinikgäste, dass diese Geräte auf einmal Rhythmus und Tonlage änderten. Ein hydraulisch schnaufendes Beatmungsgerät gab den Takt an, während die Signaltöne der EKGs und Kontrollgeräte sich zuerst vage, dann immer deutlicher auf eine weihnachtliche Melodie einschwangen. »Jingle Bells!«, entrüstete sich Frau Pirsig. »Denken Sie nur! Es klang wie diese Handys oder diese piepsenden Grußkarten, mein Gott, alle Geräte quäkten auf einmal ›Jingle Bells‹. Stellen Sie sich vor, Herr Rupprich, dieses Fiepen und Quieken in höchsten Tönen über all dem Lärm und Geächz!«

Mittlerweile folgte dem Weihnachtsmann ein anschwellender Klagegesang wie eine Schleppe von Zimmer zu Zimmer, durchsetzt von erbittertem Zetern, von wütendem Klingeln zerspalten, untermalt vom Trommeln gegen Bettpfosten und dem dumpfen Pauken aufstampfender Gipsbeine.
Die Patienten der Sonnenhaus-Klinik erwarteten springendes Dienstpersonal. Doch das Personal konnte nicht springen, es stand im verschlossenen Zimmer unter der Dusche der Sprinkleranlage. Der Radau rief allerdings den bestellten Chor auf den Plan. Der Chor, zu dem eigentlich Lisa gehörte, hatte sich im Konferenzraum an der Nordseite eingesungen. Auch hier hatte der Weihnachtsmann an die Tür geklopft und eine kleine Gabe überreicht, vorgeblich vom Herrn Professor, in Wahrheit aus dem Vorratskeller der Anästhesie. Mit der freundlichen Aufforderung »Schnüffeln Sie mal ein bisschen, das macht munter und verbessert die Stimme« hatte er eine Flasche Lachgas nebst angeschlossenen Schläuchen und Atemmasken in den Konferenzraum bugsiert. Den kleingläubig dreinblickenden Sangesfreunden hatte er versichert: »Das nehmen wir immer, wenn wir ein bisschen Aufheiterung brauchen.«
Ausgerechnet Frau Görz war es, die pflichtbewusste Vorschullehrerin mit der raspelreinen Sopranstimme,

die mutig den ersten Atemzug nahm und sogleich enthusiastisch aufjauchzte und die anderen in ihre Begeisterung riss. Während draußen der Weihnachtsmann schönheitsoperierte Patienten durch die Gänge fuhr, vor allem diejenigen mit Kopfverbänden, unter denen sich begradigte Nasen, gehöhte Wangen und angelegte Ohren verbargen, während er diese Unidentifizierbaren in andere Zimmer rollte, sodass später die Angehörigen die Fotos von Enkeln und Nacktbadestränden beschämend falsch verteilten, wurde der Chor immer glücklicher. Als die Sänger schließlich bemerkten, dass ihre Stimmen, als Folge des Lachgases, nur noch zum Synchronisieren von Zeichentrickfiguren taugten, waren sie bereits so euphorisch, dass sie dennoch und mit monumentalem Selbstbewusstsein zum Konzert schritten. Zur selben Zeit, durch eine Schlüsseldrehung befreit, drängte das Personal aus dem Wachzimmer, betrunken, verqualmt und nassgesprinkelt, und wankte mit Sektgläsern hinter dem Chor her.

»Gespenstisch!«, stöhnte Frau Pirsig mit fiebriger Kraft. »Dieser Chor, ganz hingerissen von den eigenen Mickeymausstimmen, von allen Skrupeln befreit, berauscht, Herr Rupprich, ekstatisch, dieser Chor – nur Ihre Frau war nicht dabei –, der stimmt nun die albernsten Lieder an. Gott, Karnevalsfrechheiten waren das, die derbsten Couplets! Alle wollen die Beine von Dolores, Angelika dein Bett ist da. Nein, also wirklich, und singt das voll trunkenem Entzücken! Und dahinter die begossenen Pudel des Personals! Gute Güte, beschwipst, ohne jegliche Orientierung! Und als Anführer dieses Geisterzuges der Weihnachtsmann! Mit seinem entsetzlichen Christbaum!«

Wie im Triumph schob der Weihnachtsmann einen Servierwagen vor sich her, auf dem der stationseigene Tannenbaum schwankte. Augenscheinlich hatte er ihn selbst geschmückt, mit Unterstützung des angesäuselten Fachpersonals. Von den Zweigen baumelten Tupfer und Nährlösungsbeutel, Pinzetten, Gelpacks und Zäpfchenketten, und über und über war der Baum mit Schläuchen und Mullbinden behängt wie mit Lametta. Auf der Spitze blinkte ein Blutdruckmesser. Und das Ganze war umbraust vom Radau der Patienten.

»Nein!« Frau Pirsig war in Schweiß geraten. »Also, Herr Rupprich, da sind wir gesund geworden! Aber ganz schnell! Auf einen Schlag! Da haben wir gesagt, wir Patienten, jetzt sind wir geheilt, Gott sei Dank, und haben uns die Bademäntel übergezogen und unsere Taschen geschnappt und sind raus an dem verdutzten Pförtner vorbei und zum Taxenstand und sind nach Hause gefahren, jeder zu seinen Verwandten,

und deshalb bin ich jetzt hier bei meinem lieben Sohn, der froh ist, dass er noch eine Mutter hat.«
Sie reckte sich, um ihn zu tätscheln, zuckte aber zusammen und hielt sich die Seite, ungefähr dort, wo sie ihre Gallenkolik gespürt haben musste. »Er pflegt mich so lieb«, hauchte sie leidend.
»Ihre Mutter braucht Ruhe«, belehrte ich Herrn Pirsig. »Am besten, Sie machen ihr einen warmen Leberwickel.« Seinem fragenden Blick wich ich aus, denn ich war mir selbst nicht im klaren, ob nur die Leber eingewickelt werden musste oder die ganze Frau Pirsig. An der Tür behauptete ich: »Sie steht unter Schock. Sie müssen sie unter Aufsicht behalten.« – »Das schaffe ich nicht! Dann gehe ich zugrunde!« – »Notfalls klingeln Sie gegenüber und erholen sich in der weihnachtsfreien WG.«
»Wenn die noch weihnachtsfrei ist! Aber darum geht es auch gar nicht.« Er sah sich verstohlen um und flüsterte: »Ich habe doch eine Verabredung!«
Möglicherweise, fiel mir ein, hatte die Mutter ihre Geschichte auch nur erfunden oder doch sehr übertrieben, um diese Verabredung ihres Sohnes zu hintertreiben. »Mit wem?« fragte ich.
»Sst!« Er legte den Finger an den Mund. Das war überflüssig, denn in diesem Augenblick zermalmte ein Schalmeienstoß aus dem ersten Stockwerk die Stille.

14

Gegenüber tat sich die Tür auf. Tina trat aus der Wohnung. »Shit«, sagte sie. Vielleicht war es nur das verklingende Schmökelsche Dröhnen, doch mir war, als hörte ich hinter ihr, aus den modrigen Tiefen der WG, ein holdes Weihnachtslied. »Ich bin zu spät dran.« Sie knallte die Tür zu.

»Na, na«, machte jemand von oben. Das war Frau Ehrenberg, die rund um ihre blühenden Weihnachtssterne die Erde pflügte.

»Ich kann dich ein Stück mitnehmen«, bot ich an. »Ich muss Niklas vom Basteln abholen.« – »Okay, dann los.«

»Sehen Sie mal!«, rief Frau Ehrenberg. Sie hielt grünes Kraut hoch, das sie aus den Töpfen gerupft hatte. »Brennesseln, Quecke, Giersch!« Mir fiel ein, dass sie Vegetarierin war. Ihr Erfolgsrezept hieß: ein Drittel über der Erde, ein Drittel auf der Erde, ein Drittel unter der Erde. »Miere, Ackerwinde, Disteln sogar!«, empörte sie sich. Erst jetzt kam mir die schnell wachsende Unkrautmischung in den Sinn, die Niklas im Adventskalender gefunden hatte. »Was kann das bedeuten?«, fragte ich unschuldig.

»Das bedeutet, Herr Rupprich –«

»Fahren wir nun oder nicht?«, fragte Tina.

»Das bedeutet, dass etwas im Argen liegt mit Weihnachten«, erklärte Frau Ehrenberg. »Speziell hier im Haus. Jemand will unsere Pläne stören. Jemand will das Fest ein wenig anders haben. Jemand hat uns im Visier.« Sie nickte mit der unantastbaren Würde gereifter Geistigkeit.

»Ich gehe schon mal zum Wagen«, sagte Tina. »Ich muss zur Therapie.«

»Wir sollten vielleicht etwas unternehmen!« empfahl Frau Ehrenberg. »Und zwar vor Heiligabend!« Bis dahin waren es noch zwei Tage. »Ich überlege mir was!«, versprach ich. »Heute, Herr Rupprich«, rief sie hinter uns her, »ist der letzte Abend beim Weihnachtsmarkt der Völker! Heute kommt der Weihnachtsmann!«

15

Tina wollte zu ihrer weihnachtlichen Selbsthilfegruppe. Im Haus galt sie als die Intellektuelle der WG, als die einzige, die so etwas wie Interesse für ihr Studium aufbringen konnte, die aber ansonsten tölpelhaft unpraktisch war. Wenn im Parterre Stühle kippten und Teekannen splitterten, steckte sie dahinter. Außerdem war sie durch unbeirrtes Fehlbedienen der Waschmaschine verantwortlich für das fahle Grau sämtlicher Kleidungsstücke der WG. »Meine Eltern

haben mich zu kopfbetont erzogen«, erklärte sie. »Ich muss emotional mehr zulassen.«
Die Selbsthilfegruppe besuchte sie, weil die Aussicht auf ein Fest mit den Eltern ihr den Schlaf raubte und weil sie nicht die Kraft fand abzusagen. Mit einem Dutzend ähnlich belasteter Klienten hockte sie bereits seit Oktober zweimal wöchentlich, seit Beginn der Adventszeit fast jeden Abend, in einer ehemaligen Fabriketage im alten Gewerbeviertel und gab Details ihrer Festtagsneurose preis. »Ich weiß aber nicht, ob ich überhaupt noch hingehen soll«, sagte sie beklommen, als wir im Stau der Last-Minute-Geschenkjäger steckten.
»Bist du geheilt?«
»Oh, Mann! Niemand von uns ist jemals geheilt! Wenn ich so was schon höre! Ich meine, was ist denn mit dir zum Beispiel?! Sebastians schwarze Unterhose ist neulich bei uns auf dem Balkon gelandet!«
»Wie bitte?«
»Ach, vergiss es. Vergiss es.« Es war, als hätte sie sich versprochen.
»Nein, ich meine, die Unterhose, was bedeutet das?«
»Nichts. Der Duschvorhang von Frau Schmökel ist ja auch mal bei uns hängengeblieben, und sie hat ihn drei Tage lang nicht abgeholt. Wir kriegen eben immer alles ab.« Damit hatte sie recht. Der Postbote

klingelte jedesmal bei der WG, wenn ein Paket abzugeben war, die Austräger von Werbezetteln suchten hier ihre Abnehmer, und auf den Balkon wehte von oben Wäsche, Staub aus Balkonkästen und das Endprodukt von Frau Ehrenbergs Atemübungen.

»Ich weiß jedenfalls nicht, ob ich noch hingehen soll zur Gruppe«, sagte Tina. »Weil, beim letzten Mal ist alles schräg gelaufen. Da hatten wir einen Therapeuten, der hat die ganze Struktur durcheinandergebracht. Am Ende waren wir absolut aufgelöst. Und dann ist er einfach abgehauen und hat uns damit total allein gelassen.«

»Ihr habt einen Therapeuten? In der Selbsthilfegruppe?«

»Naja, eigentlich nicht. Immerhin haben wir alle Therapieerfahrung. Und setzen uns nun zusammen und wollen einfach mal unsere Betroffenheit artikulieren und so was wie Anpassungkompetenz entwickeln.«

»Verstehe.« Ich musste das Gebläse einschalten, weil die Scheiben beschlugen. Es war kalt geworden. Und wie jedes Jahr auf den letzten Metern schürten alle Wetteransager die Hoffnung, es könne noch weiße Weihnachten geben.

»Ob wir es zugeben oder nicht, wir reagieren alle sensibel auf dieses Fest, du auch«, sagte Tina. »Da spielt sich eine Menge in uns ab, was wir verdrängen und verleugnen. Wir tun nett und friedlich und harmonisch und wollen am liebsten alle umbringen.«

Auch damit hatte sie recht. Ich vermied es, in die Fenster der anderen Autos zu sehen. Der Blick auf die Mienen war einschüchternd. Auch friedfertige Fahrer waren in diesen Tagen zur Vernichtung allen Lebens bereit.

»Na, und damit das nicht passiert, versuchen wir in der Gruppe, unsere Ängste abzubauen. Wir wollen einfach die Dimensionen des Festtagsproblems verstehen und mögliche Reaktionsmuster erproben.«

»Und habt ihr es verstanden, das Problem?«

»Oh, Mann! Kognitive Verarbeitung ist nur ein ganz kleiner Teil! Das meiste läuft implizit über emotionales Ausagieren.«

»Ach, so.«

»Also auch über aggressive Entlastung. Aber möglichst immer in solidarischer Kommunikation.«

»Natürlich. Und da hat jetzt einer was durcheinandergebracht?«

»Das kannst du laut sagen, ja. Der war neu, wir sind ja eine offene Gruppe, und der ist also beim letzten Mal dazugekommen, und der hatte sich ein Kostüm angezogen. Ich meine, das finde ich ganz witzig, ein Weihnachtsmannkostüm.«

»Ihr hattet einen Weihnachtsmann bei euch?! Wie alt war der? Wie sah er aus? Habt ihr ihn am Bart gezogen? War der echt?«
»Ey, locker bleiben! Siehst du, dir täte die Gruppe nämlich auch gut! Du bist so ein Ausweicher, das hat Sebastian auch schon festgestellt. Und in der Gruppe begeben wir uns ganz bewusst in die Auseinandersetzung und gehen in unsere Gefühle. Einfach, um unsere individuellen Optionen kennenzulernen. Ohne Heuchelei, ohne falsche soziale Scham, einfach autonom und stark.«
Wir waren jetzt im Viertel ehemaliger Gießereien und Fischverarbeiter. Es war durchsetzt von besprayten Putzbauten städtischer Genossenschaften und Kleinwohnungen ohne Klingelschilder. Die Gassen waren zugeparkt. Auf den Trottoirs blieb nur ein schmaler Pfad für die herumstreifenden Hunde.
»Was war mit dem Weihnachtsmann?«
»Ja, shit, da ist irgendwas total schiefgelaufen. Wir dachten, okay, da ist jemand neues in der Gruppe, der will sich nicht zu erkennen geben, der traut sich nicht, der hat Ängste, und deshalb hat er sich dieses Kostüm angezogen und den Bart angeklebt.«
»Bist du sicher, dass der Bart angeklebt war?«
»Aber der hat sich dann ganz schnell zum Gruppenleiter aufgebaut. Erst hat er ein Rollenspiel vorge-

schlagen, so als Geist-Körper-Arbeit, das fanden wir ganz gut. Wir sollten uns in einen Tannenbaum reinfühlen. – So, hier kannst du mich rauslassen.«
Wir hielten vor einem Gebäude, in dem vor hundert Jahren eine Fabrik für Kesselroste oder Drahtstifte gegründet worden war. Jetzt hatten sich Therapeuten die bombensicheren Räume für die Befreiungsschläge ihrer Klienten gesichert.
»Ihr solltet euch in einen Tannenbaum einfühlen?«
»Ja, siehst du, da wirst du neugierig! Ja, genau. Eigentlich hatten wir immer unser Trauma zu orten versucht, also wir sind in die Kindheit gegangen und haben die Verletzungen aufgespürt. Du musst ja wissen: Woher kommt deine Störung, wer blockiert dir Weihnachten? Ist es deine Mutter, dein Vater, irgendeine Tante oder der Großvater oder eher die Kirche oder Jesus und so? Na, wir sind erst mal in diese Rollen gegangen und haben versucht, Weihnachten in der Familie nachzuspielen, und da kommt irre viel raus, du denkst erst, das ist witzig, aber dann geht es dir total an die Nieren, und du flippst aus oder weigerst dich oder heulst. Aber das haben wir seit Oktober gemacht, und irgendwie brauchten wir neue Impulse. Naja, und da kam dieser Typ eigentlich gerade recht. Ich bin spät dran. Man sieht sich.«
»Nein, erzähle mir noch, was abgelaufen ist! Weißt du,

ich überlege gerade«, schwindelte ich. »Vielleicht täte mir diese Therapie ja wirklich gut!«
»Okay, da kam also dieser Weihnachtstyp. Und der hat gesagt, ey, Leute, lasst uns mal anders rangehen. Eure Probleme haben mit der weihnachtlichen Symbolik zu tun. Seht euch mal einen Weihnachtsbaum an. Womit identifiziert ihr euch? Schließt mal die Augen, fühlt euch mal rein. In Ordnung, hat er gesagt, ich frage euch jetzt, jeden einzelnen. Aber antwortet nicht gleich, lasst erst mal nur Bilder aufsteigen. Du und du und du. Da ist eine Tanne. Ein Weihnachtsbaum. Sieh ihn dir an. Bist du das? Fühlst du dich als Baum? Stehst du in der Erde, unverrückbar? Oder bist du rausgerissen worden und steckst jetzt eingezwängt in einem gusseisernen Fuß? Oder bist du vielleicht selbst dieser gusseiserne Fuß, der jemand anderen krampfhaft festhält und einengt? Bist du ein Zweig voller Nadeln, einer, der sich wehren will und der gerne zwickt und Stiche austeilt? Oder bist du ein Engel, der an diesem Baum schwebt, an einem dünnen Faden, immer lächelnd, auch wenn ihm nach Lächeln gar nicht zumute ist? Bist du der Stern, der den Baum krönt, willst du ganz oben sein, über den anderen? Willst du sie unter dir sehen? Oder fühlst du dich als schimmernde Kugel, die alle anderen zurückspiegelt, die aber selbst undurchschaubar bleibt? Bist du

eine Glasfigur, zart, wehrlos, zerbrechlich? Oder eine Kerze, die Licht bringt, die ihr Feuer zeigt, ihr Feuer, mit dem sie andere verbrennen kann? Willst du begehrt sein wie ein edler Christbaumanhänger, begehrt wie Trüffel und Nougat?«

»Klingt witzig«, sagte ich.

»Witzig!«, wiederholte Tina abschätzig. »Wir fanden es unheimlich schön. Wir haben uns echt fallengelassen und haben uns reingefühlt in diese Gegenstände. Wir haben all dem nachgespürt, was er gesagt hat. Wir sind selbst diese glitzernden oder leckeren Figuren geworden, ja, wir haben uns, unsere ganze Gruppe, wie ein einziger leuchtender Christbaum gefühlt!«

»Das ist doch herrlich!«

»Ja, aber dann kam das Erwachen! Auf einmal, wir waren gerade ganz weit weg, hat er brutal in die Hände geklatscht und gesagt: ›Okay, wake up! Sagt nichts. Ich habe euch beobachtet. Ihr braucht mir gar nicht zu erzählen, in was ihr euch reingeträumt habt. Ich sage euch, was ihr in Wirklichkeit seid. Du da, du bist keine schimmernde Wunderkugel, du bist ein trockener Zweig, dem die Nadeln ausfallen, völlig saftlos. Und du, du bist kein leuchtender Stern, du bist eine taube Nuss, die geknackt wird und auseinanderbröselt, und nichts ist drin.‹ – ›Aber ich bin ein begehrenswerter Kringel‹, sagte eine. ›Das habe ich genau gefühlt.‹ – ›Ein Kringel magst du sein‹, hat er gelacht. ›Aber einer aus Billigschokolade, einer, der einmal kurz angeleckt und dann sofort weggeschmissen wird. Und du da hinten, du bist vielleicht eine Kerze, ja, aber eine mit rußendem Docht, die man ausbläst und die dann ewig weiter kokelt und stänkert. Und du daneben, du bist das alte Papier, das unterm Weihnachtsbaum liegt, und das langsam vollnadelt und vollkleckert mit Wachs.‹«

»Und was hat er zu dir gesagt?«

Tina schluckte. »Ich bin der Eimer Wasser, der unterm Baum steht, und der versehentlich umgestoßen wird und eine Riesenschweinerei im Zimmer macht und der dafür noch einen Fußtritt abkriegt.« Sie sah mich Mitleid heischend an.

»Und«, fragte ich, »ist was dran?«

»Hundertprozentig! So war es immer!« Sie brach in Tränen aus. »Es gibt jetzt nur noch eine Rettung«, schluchzte sie. »Ich will richtig schön Weihnachten feiern, mit allem, was dazu gehört, ganz lieb, genauso wie früher!«

»Na, dann mach das doch einfach!«

»Das geht nicht! Ich darf nicht! Die ganze WG ist doch weihnachtsfreie Zone!«

16

Lisa hielt es für überflüssig, sich zu verteidigen. »Natürlich bin ich nicht bei dem Chorkonzert gewesen! Ich war doch heiser! Ich hatte doch diese belegte Stimme! Weißt du das denn nicht mehr?«
Ich konnte mich an kein Krächzen und Kratzen erinnern. »Aber du bist weggegangen, an dem Abend.«
»Ach so, ja, das kann sein. Doch, richtig, das stimmt.«
»Und wo warst du?«
»Na, bei den California Dream Men!« Es klang, als müsse sie mir das nun schon zum dritten Mal sagen. Und tatsächlich verstand ich es nicht ganz.
»Bei den California Dream Men?« Unerhörte Farbfotos und dreiste Videoclips flackerten über meinen inneren Bildschirm. »Als ich mit Niklas im Weihnachtsmärchen war?«
»Natürlich! Er hatte doch diese Karte in seinem Adventskalender gefunden! Du, das wäre bestimmt nichts für ihn gewesen.«
»Nein, bestimmt nicht. Aber für dich war es etwas? Ich meine – California Dream Men! Das ist doch nur etwas für, also höchstens, na, ich würde sagen für …«
»… sinnliche Frauen«, ergänzte sie. »Sei dankbar, dass du eine hast. Und es war gut. Es war erotisch. Es war

lustig. Es war rassig. Es war top. Du, die traten zuerst in Weihnachtsmänteln auf!«

»Haben sie die ausgezogen?«

»Natürlich! Aber Liebling!« Sie kam mir auf eine Weise nahe, die ich abwehren musste. »Du ahnst nicht, ich habe so ein tolles Weihnachtsgeschenk für dich! Das ist doch viel wichtiger! Das schönste Geschenk, das du dir denken kannst! Ach, übrigens: Am Einkaufszentrum habe ich Frau Schmökel gesehen. Sie steht davor und spielt auf ihrer Schalmei und gibt ihre Gedichte zum besten. In einem absurden Engelskostüm mit goldenen Flügeln und hautfarbenen Plastikstrümpfen.«

»Lenk nicht ab.«

»Doch. Ich glaube nämlich, da müssen wir was tun. Die war doch immer schon so – naja. Nicht, dass sie durchdreht und uns nachher das Haus anzündet.«

»Das interessiert mich jetzt nicht.«

»Ach, und Herr Pirsig hat gefragt, ob er sich, falls es tatsächlich schneien sollte, das ist ja angesagt, ob er sich dann Niklas' Schlitten leihen kann über die Feiertage. Keine Ahnung, was er damit vorhat.«

»Du siehst dir also die California Dream Men an.«

»Ach, jetzt hör aber mal auf! Oder warte wenigstens bis Heiligabend. Du weißt ja gar nicht, was für ein fantastisches Geschenk ich für dich habe! Es übertrifft alles! Du kannst es dir nicht vorstellen!«

Ich konnte es mir wirklich nicht vorstellen. Vor mein inneres Auge drängten sich Dream Men, die Weihnachtsmäntel abwarfen. Und in der Wohnung sah ich die sonderbaren Sammlerstücke, die Niklas im Adventskalender des Weihnachtsmanns gefunden hatte, die zuckende Gummispinne, den chinesischen Grabspruch, die Anleitung zum Bau eines Molotow-Cocktails, den kleinen Schlüssel, der zu keinem Schloss passte.
Ich dachte an einiges, was sich ereignet hatte. Und was möglicherweise bevorstand. Und ich beschloss, den Weihnachtsmann zu stellen. Ich klingelte bei Frau Ehrenberg. Sie war bereits aufgebrochen.

17

Der Weihnachtsmarkt der Völker fand statt zwischen polynesischen Rindenkanus und mexikanischen Kalksteinreliefs, im Schutz von mongolischen Hanfsackbuddhas und afrikanischen Grabwächtern. In der Haupthalle des Museums für Völkerkunde, unter einer wandfüllenden Karte der Reiserouten James Cooks, hatten Köche fremder Kontinente eine lange Theke mit exotischer Weihnachtskost aufgebaut.
»Hier gab es neulich einen vortrefflichen Bananenbrei

aus Guatemala«, sagte Frau Ehrenberg. »Nach Originalrezepten der Maya. Den müssen Sie kosten!« Mit der Würde einer Missionarsgattin schritt sie die Tische ab. Ich folgte verzagt: »Haben denn die Maya schon Weihnachten gefeiert?«
»Sie nennen es Lichtfest«, sagte sie. »Da! Sehen Sie, da ist er!« Ein Nachfahre stirnrunzelnder Fruchtbarkeitsgötter rührte sanftmütig in einer blasenwerfenden Masse. »Und wenn wir später wiederkommen?« schlug ich vor. »Wenn wir wirklich Hunger haben?«
»Probieren!« Der Mayakoch tauchte die Kelle in den Brei und holte eine sättigende Portion an die Oberfläche.
»Sie wollten mir doch das Kunsthandwerk zeigen«, erinnerte ich Frau Ehrenberg, während der Mayakoch eine dampfende aztekische Opferschale darbot.
»Was hat eigentlich Ihr plötzliches Interesse hervorgerufen?«, wollte Frau Ehrenberg wissen und zerknabberte einen ostpakistanischen Gewürzstern. »Dass Sie mir so unangemeldet nachspionieren?«
Ich blies in den heißen Brei. Der Koch wies auf eine Schüssel voll grauem Puder: »Darüberstreuen!«
»Ich habe Niklas vom Basteln abgeholt«, erklärte ich. »Und als ich gesehen habe, wie er Stroh für Sterne bügelt und Stricklieslwürste dreht, habe ich gedacht, das möchte ich jetzt doch mal im Original sehen.«

»Heute alles Original!«, versicherte der Koch und beharrte: »Darüberstreuen!« Ich nahm einen Löffel voll.
»Das glaube ich nicht, dass allein das der Grund ist«, äußerte Frau Ehrenberg und lächelte mit dem rechten Mundwinkel. »Nun mal ehrlich, Herr Rupprich.«
Ich schnupperte an dem grauen Pulver. »Vanille!« tadelte sie. »Backen Sie denn nie selbst? Mit echter Bourbonvanille?«
»Eher selten. Aber Sie haben recht. Es gibt noch einen anderen Grund. Sie haben gesagt, heute tritt hier der Weihnachtsmann auf.«
»Kann es sein, Herr Rupprich, dass Sie manchmal etwas länger brauchen, um Zusammenhänge zu erkennen?«
Ich hatte gerade den Mund voller guamaltekischem Weihnachtsbrei. Er schmeckte nach nichts, einfach nur heiß. Ich deutete auf den Vanilletopf.
»Guten Appetit«, wünschte Frau Ehrenberg und begab sich zu den Marzipankartoffeln aus Neukaledonien.
Der Mayakoch streute eine weitere Prise Vanille über den Brei. »Der Weihnachtsmann war schon da«, sagte er beiläufig.
»War schon da?« Ich wischte mir die Mundwinkel ab. »Und wo ist er jetzt?«
Er sah sich um. »Irgendwo hier muss er sein.«
»Und hat er irgendwas gemacht? Irgendwas gesagt?«

»Wir sollen alles echt machen, hat er gesagt. Wie in alter Zeit. Wie es früher war.«
»Machen Sie das nicht sowieso?«
»Nein, für so einen europäischen Weihnachtsmarkt machen wir Kompromisse. Dann nehmen wir zum Beispiel Vanille. Aber heute ist alles echt.«
»Heute keine Vanille?«
»Nein. Heute ganz traditionell die Asche der Vorfahren, die uns Geist und Kraft verleiht.«
»Spekulatius aus gestampftem Maismehl!«, hörte ich Frau Ehrenberg begeistert rufen. »Mit Nüssen aus Bali!«
Ich erlaubte mir, den Ahnenbrei bei den Mayas abzustellen und ihr zu Hilfe zu eilen. Sie kaute schon schwärmerisch. »Delikat!«
Ich inspizierte die Spekulatius. Die Dame im Sarong sah freundlich zu. »Ist es möglich«, sagte ich leise, als Frau Ehrenberg beflügelt weiterschritt, »dass diese kleinen weißen Zutaten gar keine Nüsse sind?« Die balinesische Dame lächelte milde. »Sondern«, fuhr ich fort, »dass daraus im ungebackenen Zustand leuchtende Schmetterlinge geschlüpft wären?«
»Vielleicht nicht gerade Schmetterlinge«, antwortete sie liebenswürdig.
Ich holte Frau Ehrenberg ein. »Lassen Sie uns zum Kunstgewerbe gehen«, drängte ich und lehnte brüsk

das knusprige kongolesische Rosinengebäck ab. Gewiss ist es nur eine kulturelle Gewohnheit, ob man kleine schwarze Käfer verzehrt oder nicht. Doch für Völkerverbindung blieb jetzt keine Zeit. Ich wollte den Weihnachtsmann stellen.

»Bei den Imbisstheken war er schon«, vertraute ich Frau Ehrenberg an. »Aber er soll noch im Gebäude sein. Anscheinend sorgt er dafür, dass alles auf die echte alte Art gemacht wird.«

»Dabei belässt er es bestimmt nicht«, sagte sie.

Sie behielt recht. Im Saal der Masken und Schattenspielfiguren war nur auf den ersten Blick alles in weihnachtlicher Ordnung. Da wurden Krippenfiguren feilgeboten, Engel-Mobiles, gläserne Glockenspiele, hölzerne Tannenbaumanhänger. Es mochte noch hingehen, dass eine Papierkünstlerin aus Java am Zuschneiden einer Engelskette scheiterte. Als sie das Papier auseinanderfaltete, fielen all die Engel, die sich an den Händen halten sollten, einzeln herunter, nur ein grinsender Weihnachtsmann blieb übrig. Am Nebentisch nahm eine arglose Besucherin kirgisische Steckpuppen auseinander, immer die nächstkleinere aus der größeren, bis sie aufschrie: Der letzten entsprang eine schwarze Kröte und hüpfte, kleine feuchte Kleckse hinterlassend, über den Tisch.

Etwas weiter drehte sich recht flott eine hölzerne

Weihnachtspyramide mit Flügelrad, wirbelte immer geschwinder, angetrieben von vielleicht zu vielen Kerzen. Staunend sah ich zu; unsere eigene musste immer angeschoben werden und blieb doch wieder stehen. Diese kam richtig in Fahrt, drehte sich bald mit dem Tempo eines Kettenkarussells und auf einmal so schnell, dass die Fliehkraft siegte und all die Hirtenfiguren und hölzernen Sternsinger sich losrissen und über die Köpfe der Umstehenden in den Raum schwirrten. Das Gerüst der Pyramide, vom eigenen Propeller emporgezogen, setzte brummend zu einem Hubschrauberstart an und ging splitternd zu Boden. Die Schöpfer dieses Wunderwerks, selbst beeindruckt, nahmen die Bewunderung der Zuschauer entgegen und setzten etliche Modelle ab.

Ich sah, dass Frau Ehrenberg eine Ausstellung italienischer Madonnen besichtigte, und war froh, dass sie den außereuropäischen Bereich mied. Denn den von Nepalesen gezimmerten Bethlehem-Stall hatte jemand angerempelt. Nun lag Josef auf Maria und tat Dinge, die nur die betrachtenden drei Könige richtig einschätzen konnten. Daneben ergingen sich bolivianische Glasfiguren in Gesten, die im Andenhochland Heil bringend sein mochten, bei uns jedoch nur als obszön durchgingen. Und die in Zentralafrika geschnitzten Engel präsentierten monumental ausgeprägt jene Körperteile, welche Engel, zumindest im Lichtkreis von Christbäumen, gewöhnlich verbergen. Ich fühlte mich verpflichtet, Frau Ehrenberg in einen anderen Raum zu lotsen. Immerhin widmete sie sich seit Jahrzehnten ausschließlich dem Geistesleben und hatte die weniger abgeklärten Bereiche vergessen oder nie gekannt. Als wir in das Haus gezogen waren, hatte sich schon niemand mehr an jenen Hochschulprofessor erinnert, dessen Pension sie als Witwe auf ausgedehnten Reisen verzehrte. Etliche Länder, die im Museum vertreten waren, kannte sie von Studienfahrten, aber wohl nicht mit allen hier zur Schau gestellten Nuancen.

»Dahinten«, schlug ich ihr vor. »Da werden Zinnfiguren gegossen!« Es handelte sich um den Stand Malaysias. Besucher des Weihnachtsmarktes durften das Metall über einem Bunsenbrenner schmelzen und eigenhändig in Gipsschablonen gießen. Die erkalteten Ergebnisse konnten am Nachbartisch farbig bemalt werden. Dort standen bereits die harmlosen Schöpfungen der Vortage, Engel, Sternchen, Weihnachtsbäume.

»Sehen Sie sich die italienischen Madonnen an«, empfahl Frau Ehrenberg. »Und dann sagen Sie mir, ob das die echte alte Art ist.«

Ich bahnte mir einen Weg durch die umlagerten Erzgebirgsstände voller pausbäckiger Engelein, die

Chöre bildeten, Blumenstengel trugen oder Harfe und Flöte spielten, lauter kostspielige Sammlerstücke. Hier ging alles schonend und traditionell zu. Ich würde Frau Ehrenberg darauf hinweisen.
Die italienischen Madonnen hingegen waren umnebelt von einer Wolke würzigen Rauches. Er stieg auf vom Tisch eines afghanischen Räuchermännchen-Schnitzers. Belustigte Schüler umringten den Turban gekrönten Mann und die Schar seiner kohlschwarzen Männchen. Die Landestradition schrieb offenbar vor, dass auch der hölzerne Kopf und am Ende das ganze Männchen verkokelte. Die geschnitzten Figuren schmauchten und pafften, wie ich es von heimischen Kollegen nicht kannte. Aber, nun fiel es mir auf, ich kannte den Rauch, seine spezielle Würze. Er weckte Erinnerungen. Auch an die WG in unserem Haus. Deshalb waren die Schüler so heiter, deshalb sah der benachbarte italienische Madonnendrechsler so glücklich aus.
Der bemerkte jetzt meinen Blick und winkte mich heran. »So wird's gemacht!«, erklärte er mit leuchtenden Augen und wies auf ein Fläschchen, das Lisas Kontaktlinsenmittel glich. Er nestelte am Hinterkopf der Madonna und träufelte die Flüssigkeit hinein.
»An besonderen Feiertagen«, schärfte er mir ein, »das rote Fläschchen!« Er hielt es hoch. Die Augen der Ma-

donna wurden feucht. Ja, sie weinte Tränen. »Ein Wunder!« pries er beseligt und hob die Hände.
»Kann es sein, dass gerade der Weihnachtsmann vorbeigekommen ist?« forschte ich.
»Ja, ja, vor wenigen Minuten!«
Ich eilte zu Frau Ehrenberg. Und entweder hatte ich vorhin nicht richtig hingesehen oder hatte jetzt zuviel Rauch eingesogen, oder die Erzgebirgsschnitzer hatten umgeräumt. Ich sah die kurzhälsigen Engel Fratzen schneiden und unschicklichen Hobbys nachgehen. Sie spielten nicht mehr Posaune und Geige. Einige trugen Weinglas und Flasche, andere schulterten eine Säge, einer drohte mit einem Beil, ein anderer mit einer Stange Dynamit, der letzte niedliche hielt eine winzige Maus am Schwanz hoch.
Frau Ehrenberg hatte erfolgreich Zinnfiguren gegossen, Apoll und Aphrodite, das Götterpaar. Herausgekommen war allerdings ein Männeken Piss mit dem Schriftzug »Herren« darunter und ein vollbusiges »Damen«-Weib als Gefährtin.
Frau Ehrenberg schien nicht schockiert; sie war nicht einmal überrascht. »Durch diese Räume ist der alte Weihnachtsmann gegangen«, sagte sie.
»Der alte?«
»Der, den es immer schon gab. Nicht der erfundene, nicht der kitschige, der überall vermarktet wird, son-

dern der ungezähmte, der heidnische, der wilde, der wahre Weihnachtsmann.«

»Aber die Madonnen weinen falsche Tränen.«

»Der wahre Weihnachtsmann erfüllt die wahren Wünsche«, sagte sie. »Nicht die, die auf dem Wunschzettel stehen, sondern die im Kopf herumspuken. Die müssen ja nicht immer schlimm sein. Hier, sehen Sie diese Puppenköpfe, schön sind sie vielleicht nicht, aber fühlen Sie mal, ganz feines Leder. Und die Haare – Natur.« Wir waren am Stand von Ecuador.

»Nichts Leder!« sagte der Indio ärgerlich.

»Dahinten!« rief sie auf einmal. »Da ist er!«

»Bitte sehr, meine Dame, alle Schrumpfköpfe sind echt!«, beharrte der Indio. »Und heute nicht teuer!« Aber wir sahen nur noch den Weihnachtsmann. Gemütlich und bieder stand er am anderen Ende des Raumes. Gerade ließ er sich von Kindern am Bart ziehen. Er war es. »Warten Sie hier«, empfahl ich Frau Ehrenberg. Und rannte los.

Ich muss das Zaumzeug der Beduinen beiseitegefegt haben und die Tanzhüte aus dem Grasland von Kamerun; es geschah nicht absichtlich. Ich stolperte über die burmesischen Bogenharfen und iranischen Bechertrommeln und über den Schädelhalter aus Neuguinea. Mehrmals wurde ich festgehalten, aber immer wieder riss ich mich los, und erst unmittelbar

vor dem Weihnachtsmann, am friedlichen Stand von Flandern, blieb ich endgültig hängen.
Ich konnte mir nicht erklären, was mich bremste, ich hörte nur, dass Aufregung entstand, Vorwürfe, Klagen, Geschrei. Und jetzt erst bemerkte mich der Weihnachtsmann. Er lächelte und nickte, eher mitleidig als spöttisch. Und während ich mich zu befreien suchte, begab er sich gemächlich zur Tür des Notausgangs. Ich rappelte mich auf, wollte ihm nachspringen, aber nun schleppte ich etwas mit. Ich versuchte zu rennen, unmöglich, ich war wie gefesselt, doch ich wollte ihn stellen. Als ich endlich mühsam das Treppenhaus erreichte, hörte ich unten schon die Tür zufallen. Ich stürzte ans Fenster. Es hatte angefangen zu schneien. Unten im Hof sah ich ihn zu seinem LKW stapfen. Als spüre er meinen Blick, drehte er sich noch einmal um und winkte. Dann sprang der Motor an. Der Wagen verschwand in den wirbelnden Flocken.
»Hier ist er«, hörte ich Frau Ehrenberg sagen. Sie war mir nachgekommen, begleitet von einigen in Tracht gekleideten Greisinnen vom Stande Flanderns. Sie betrachteten mich wortlos und in trauriger Resignation. Die Älteste bückte sich ächzend und knüpfte einen weißen Faden von meinem Schuh. Ihn aufrollend, ging sie stumm und verhärmt in die Halle zurück. Hatte ich diesen Faden mitgeschleppt?

»Alle Achtung«, sagte Frau Ehrenberg im Vollbesitz ihrer geistigen Überlegenheit. »Sie haben es geschafft, das belgische Ausstellungsstück, eine Spitzendecke für die Königin von England, ein Tafeltuch für dreißig Personen, an dem diese arme alte Bäuerin siebzehn Jahre lang geklöppelt hat, vollkommen aufzuribbeln.« Ich schluckte. »Dann ist es wohl am besten«, schlug ich vor, »wir verlassen das Haus gleich hier über den Notausgang.« Doch Frau Ehrenberg war noch nicht fertig. »Kann es sein, Herr Rupprich, dass Sie des bitterbösen Weihnachtsmannes geheimer Vollstrecker sind?«

18

Es war unmöglich, sich in der weihnachtsfreien Zone der WG zu erholen. Unmittelbar vor dem Heiligen Abend waren hier alle Dämme gebrochen. Gebannt von der Flut der Leuchter und brennenden Kerzen, blieb ich in der Tür stehen. Keine elektrische Lampe störte das Bild. Der Glanz unzähliger Kerzen wurde vervielfacht vom überschwenglich verteilten Lametta, von blanken Kugeln, Glitzerfolien und Sternen aus Goldpapier. Der Flurtisch war zum Altar hergerichtet, eine Krippe darauf lud zur Einkehr. Links und rechts

drehten sich winzige Engel zu Glockenmusik um zierliche, glimmende Christbäume.
Sebastian beobachtete mich bedrückt.
»Was um alles in der Welt ist geschehen?« fragte ich.
Er räusperte sich. Es war, als dürfe er die Wahrheit nicht sagen und leide ganz besonders mir gegenüber unter der Schweigepflicht. »Warte«, sagte er. »Ich möchte dir etwas schenken.« Er verschwand in seinem Zimmer.
»Was ist los?« fragte ich Tina, die mit leuchtenden Augen einen Karton voller Christbaumschmuck aus der Küche schleppte. Offenbar war die Dekoration der Wohnung noch nicht abgeschlossen. »Ihr wolltet eine weihnachtsfreie Zone bleiben!«
»Alles hat seinen Sinn«, sagte sie glücklich, »alles hat seine Zeit.« Sie begann, einen Klausenbaum zusammenzustecken, aus roten Äpfeln, Stäben und Tannenzweigen. So hingebungsvoll hatte ich sie nie erlebt. Ein scheuer Blick in Andis Zimmer. Er faltete schimmernde Metallpapierfolie zu Rauschgoldröckchen. Eine stattliche Produktion rotgoldener Laternen mit Flechtmuster glänzte bereits auf seinem Schreibtisch.
Sebastian kehrte mit einer Doppelhubluftpumpe zurück. Er hatte sie behelfsmäßig in Weihnachtspapier eingeschlagen und einen Strohstern darangeklebt. Ich war gerührt. Allerdings erinnerte ich mich daran,

dass Lisa seit geraumer Zeit ein ähnliches Exemplar besaß. Sie fächelte sich gelegentlich Luft damit zu. Und nun erfuhr ich, was passiert war. Eine Woche zuvor hatte Herr Pirsig seine beiden Tüten voller Reklame aus der Shopping Mall hier abgeladen. Damals war die WG noch ein unberührter Ort gewesen. Tina jedoch, mürbe geklopft von Rollenspielen und Therapie, hatte den Inhalt der Tüten nicht vorschriftsgemäß entsorgt, sondern war angesichts der festlichen Papierfülle in einen Rausch der Selbstbefreiung geraten. Sämtliche Gewinnschecks, Rubbellose und Gutscheine hatte sie noch am selben Tag eingeschickt. Binnen achtundvierzig Stunden war die WG heimgesucht worden von heilbringenden Faltblättern, sterngeschmückten Sonderangeboten, Duftproben, Oblatengebäck und dreidimensionalen Jesusbildern. Auch eine Art Kettenbrief musste durch Tinas Hände gegangen sein und hatte einen Schneeballeffekt entfaltet. »Jeden Morgen schüttet uns der Briefträger eine Lawine Grußkarten aus aller Welt auf die Matte«, sagte Sebastian. »Ich sage dir: Da hilft nur die Flucht nach vorn.« Diese Flucht bestand in der Preisgabe allen Widerstands. Die drei WG-Computer feierten längst selbsttätig ihr virtuelles Fest. Eine einzige E-mail hatte ein interkontinentales Echo animierter Grafiken und Sounds heraufbeschworen. Darunter war wohl auch ein Virus gewesen. Nikoläuse nebst Rentieren galoppierten seither jedesmal über den Monitor, wenn jemand etwas anderes als einen Weihnachtsgruß formulieren wollte.

»Aber das alles hat einen ganz tiefen Sinn«, erläuterte Tina. »Im Grunde haben wir uns immer genau so ein Fest gewünscht. Wir wollten es nur nicht zulassen. Nun können wir es. Nun dürfen wir ganz lieb feiern.«

»Jeder von uns hat seine Eltern eingeladen«, ergänzte Sebastian verlegen. Er beobachtete mich weiterhin, als sei er besorgt um meine Reaktion.

»Und du machst den Weihnachtsmann?«, fragte ich Andi. Andi zwirbelte seine Dreadlocks und wog ernst den Kopf. »Das ist auch so eine Sache.«

19

Andi war beim Treffen der studentischen Weihnachtsmannvermittlung gewesen. In jedem Jahr wurden deren Anwärter unmittelbar vor Heiligabend zur Pflichtveranstaltung gerufen. Sie fand im größten Hörsaal der Universität statt. Alle hatten perfekt in roten Mänteln zu erscheinen, mit Bart, Kapuze, Stiefeln und Leinensack, um die wichtigsten Regeln für das rechte Verhalten am Gabentisch zu erlernen.

Von jeder Familie, die einen Weihnachtsmann engagierte, verlangte die Studentenvermittlung immerhin dreißig Euro, welche diskret nach der Bescherung zu übergeben waren. Dafür wurden Weihnachtsmänner garantiert, die sich zu benehmen wussten, die pünktlich kamen, jedes stotternde Kind mit ernster Miene abhörten, sämtliche Strophen von Stille Nacht auswendig kannten, die außerdem während der Bescherung niemals ein Handy benutzten und keinen Tropfen Alkohol tranken.
Vor allem für Studenten, die diesen Job zum erstenmal übernahmen, war das vorweihnachtliche Training der Verse und Verhaltensgebote unerlässlich. Andi war Routinier; in den vergangenen Jahren hatte er bis zu neun fehlerfreie Bescherungen pro Heiligabend absolviert. Um so erstaunter war er, dass der altgediente Einweiser bei der Versammlung in diesem Jahr neue Regeln aufstellte.
»Vielleicht war es auch ein neuer Einweiser«, berichtete er, während Tina Engelsketten von Tür zu Tür spannte. »Ich habe ganz hinten im Auditorium gesessen und konnte ihn nicht richtig erkennen, ich dachte natürlich, ich weiß das alles. Aber er hat eine ganz andere Art Weihnachten gepredigt.«
Der Einweiser hatte die studentischen Weihnachtsmänner aufgefordert, endlich einmal wahrhaftig aufzu-

treten. »Tretet dick schneebedeckt in die Wohnung«, sagte er, »oder wenigstens mit lehmigen Stiefeln. Schüttet ruhig ein Fuder Daunen aus dem Sack, das freut die Kinder, oder eine Ladung Kohlen auf den Teppich, das freut den Hausvater, denn der Winter wird kalt. Wo es einen Kamin gibt, kriecht hindurch, jedenfalls die Schlanken von euch, und schüttelt im Weihnachtszimmer den Ruß ab. Oder werft wenigstens die Geschenke durch den Kamin, sofern es einen gibt, eben ganz traditionell, sodass die Gesellschaft mit Ruß bedeckt wird oder damit das Feuer noch lustiger prasselt. Stiftet Verwirrung, darum geht es. Sorgt für Unordnung, ihr Weihnachtsmänner, die Leute haben die süße Feierei satt, die wollen raus aus den Gewohnheiten, und Chaos befreit. Also gönnt frommen Katholiken ein Bild vom Dalai Lama, schmuggelt Vegetariern eine Gänsestopfleber unters Salatblatt. Habt einen Zuckerhut aus Wachs parat, den ihr über dem Punschtopf entzündet, ein paar gekochte Eier, um sie anstelle des Marzipans in den Stollen zu stopfen, nehmt reichlich Pfeffer, um den Pfefferkuchen zu schärfen. Durchkreuzt die Harmonie, die Leute warten darauf! Weg mit Sanftmut und Wohltat, seid böse! Piekt rein in den faulen Frieden. Mischt die Familien auf. Stiftet die Sänger zu schrillen Tönen an. Schmuggelt Frechheiten in Kindergedichte!«

In diesem Stil sei es weitergegangen, erzählte Andi. »Und wenn unsere Weihnachtsmänner das befolgen, dann kann es heiter werden.«
»Wie haben die anderen reagiert?«, fragte ich.
»Die meisten waren begeistert.«
»Er will sich vervielfältigen.«
»Schafft ein, zwei, viele böse Feiern, hat er gesagt. Die Leute wünschen sich das. Die wehren sich erst dagegen, doch dann kommt Leben in die Bude, und sie finden es toll. Aber ich weiß nicht, ob ich das glauben soll«, seufzte Andi. »Ich bin reichlich durch den Wind.«
»Und deshalb feiern wir ganz lieb Weihnachten«, tröstete Tina.
»Siehst du«, sagte ich. »Euch hat er auch schon umgedreht.«
»Ich habe sogar Frau Schmökel gebeten, Heiligabend bei uns zu spielen«, gestand Tina. »In ihrem geflügelten Engelskostüm, auf der Schalmei.«
»Um Himmels willen, tu das nicht, dann müssen ja alle im Haus mithören!«
»Sie hat sowieso abgewunken«, erklärte Sebastian. »Sie ist morgen schon ab Mittag unterwegs. Spielt auf den Straßen für Bedürftige und trägt ihnen Gedichte vor.«
»Sie sagt: Willst einen Engel du auf Erden, musst du

selbst ein Engel werden«, zitierte Andi voller Bewunderung.

»Mit euch ist wirklich eine Menge passiert«, stellte ich fest.

»Wir haben zu uns selbst gefunden«, behauptete Tina. »Wir sind zu völlig neuen Erkenntnissen gelangt.«

»Vielleicht wirst du das auch noch«, meinte Sebastian und lächelte nicht ganz überzeugend.

20

Am folgenden Abend zog der Duft unserer Gans durch alle Schlüssellöcher. Wir hatten aufgegeben, nach der 24 auf dem Adventskalender zu suchen. Es gab sie nicht. Hinter dem Türchen der 23 hatte noch ein Osterhase grinsend die Zähne gebleckt. Wie ein böser Triumphator krönte er nun die Sammlung, die Niklas in seinem Zimmer aufgebaut hatte. Ihr fragwürdigstes Stück war die blaue Potenzpille, deren Verzehr wir ihm strengstens verboten hatten. Freiwillig hergeben wollte er sie nicht. Er konnte sich nicht einmal, wie Lisa ihm riet, zum Verkauf an mich durchringen. Er hing an jedem einzelnen Stück seiner Sammlung. Nun übte er zum letzten Mal und immer noch nicht fehlerfrei ›Alle Jahre wieder‹ auf dem Glockenspiel.

Lisa hatte eben, gerade noch rechtzeitig, den Jutesack mit unseren Geschenken vor die Tür gestellt, da klingelte es. Ich war nicht überrascht. Schließlich erwarteten wir Onkel Joseph, und zwar im einwandfreien Weihnachtskostüm, mit extrastark haftendem Bart. Joseph war rechtzeitig losgefahren, das hatte er uns noch mitgeteilt, und auf ihn war Verlass. Dennoch gefiel mir das Läuten nicht. Niklas hüpfte aufgeregt zur Tür. »Was ist los?«, rief Lisa aus der Küche, als es zum zweitenmal klingelte.

Ich öffnete mit Unbehagen. Zu Recht. Frau Pirsig stand auf der Matte, beängstigend kurzatmig vom Treppensteigen. Ich blieb reserviert. »Wir sind gerade bei der Bescherung, Frau Pirsig. Deshalb kann ich Ihnen nur ganz kurz ein frohes Fest wünschen. Und bitte grüßen Sie auch Ihren Sohn.«

»Er ist verschwunden«, stieß sie hervor.

Ich war entschlossen, unhöflich zu bleiben. »Ich würde Sie hereinbitten, Frau Pirsig, aber die Fettkonzentration in unserer Raumluft ist zu gefährlich für Sie.«

»Knut ist seit heute mittag weg«, sagte sie keuchend. »Er wollte zu seinem Auftritt und gleich danach wiederkommen. Aber jetzt ist es schon sechs. Er ist immer noch weg.«

»Zu was für einem Auftritt?«

Sie stützte sich aufs Treppengeländer. »Ich weiß nicht genau. Ein Auftritt als Hirsch, hat er gesagt. Keine Ahnung, wo.«

»Als Hirsch? Bei einer Kinderweihnachtsfeier?«

»Er hat ein Hirschkostüm angezogen. Das stand ihm auch gut, mit Geweih! Er ist ja begabt. Er hat gesagt, es ist etwas Wohltätiges, er soll einen Schlitten ziehen.«

»Na, das wird ja wohl nicht so lange dauern«, beschwichtigte ich. »Aber wenn Sie partout nicht allein warten wollen, klingeln Sie doch bei der WG. Die haben mir gestern noch versichert, wie nett sie Sie finden und wie gerne sie mal mit Ihnen feiern würden. Also, machen Sie Knut einen Zettel an die Tür, damit er weiß, wo Sie sind, und gehen Sie rüber.«

»Wo ist Frau Schmökel?«, fragte Frau Pirsig und atmete unheilvoll tief durch.

Lisa war an die Tür gekommen. »Bei uns nicht.«

»Soweit ich weiß, steht sie irgendwo im Schnee und spielt auf ihrer Schalmei«, sagte ich.

»Wehe«, murmelte Frau Pirsig finster und stieg die Treppe hinab. »Wehe.«

Als wir wieder allein waren, sagte Lisa: »Die beiden sind zusammen losgegangen.«

»Pirsig und Schmökel?«

»Sie spielt. Er zieht den Schlitten.«

»Ein göttliches Gespann.«

Es klingelte abermals. Diesmal schraken wir beide zusammen. Ich schlich zur Tür und spähte durchs Guckloch. Ich wollte mich auf kein weiteres Problem von Frau Pirsig einlassen. Doch davor stand der Weihnachtsmann.
Er hatte Lisas Jutesack geschultert. Das hatte etwas Beruhigendes. Er brachte also unsere Geschenke. Für Niklas das Feuerwehrauto und das Puzzle und den Tropenfisch fürs Aquarium. Für Lisa die Brosche und das Parfum. Für mich die Überraschungen, die sie im Sack versteckt hatte.
Ich gestehe, als ich die Tür öffnete, gab ich mich einen Augenblick lang der Illusion hin, Onkel Joseph stecke in der Verkleidung. Es war die letzte Illusion an diesem Abend. Niklas lief herbei, begrüßte ihn ausgelassen und sprang an ihm hoch. Der Weihnachtsmann lachte gutmütig, und Niklas zog ihn am Bart. Er riss daran. Er machte einen Klimmzug. Der Bart hielt.

21

Später, auf jeden Fall zu spät, als alles schon geschehen und alles verändert war, rief Joseph an. Er entschuldigte sich und behauptete, er habe uns nicht erreicht. Er habe es immer wieder versucht, von der

Autobahn aus, im Stau, aber niemand sei bei uns rangegangen, und schließlich habe er aufgegeben. Es tue ihm leid.
Unter gewöhnlichen Umständen spräche nicht viel für seine Version. Am Nachmittag des 24. Dezember herrscht auf der Autobahn spärlicher Verkehr. Keine LKWs, keine Reisebusse, keine Campingwagen. Ein paar Eltern fahren zu ihren erwachsenen Kindern und umgekehrt, Singles sind unterwegs, die bei Freunden mitfeiern und die wie Joseph versprochen haben, dort den Weihnachtsmann zu spielen.
Joseph bestätigte, alle seien mit weihnachtlicher Rücksicht gefahren und hätten freie Fahrt gehabt. Aber dann, ein paar Kilometer vor der entscheidenden Ausfahrt, habe er die Bremslichter gesehen. Sie bildeten eine unbewegliche Kette in der Dämmerung. Es war einer dieser Staus, die keine erkennbare Ursache haben und die nicht gemeldet werden, zumindest nicht, bevor sie sich aufgelöst haben.
Dieser löste sich nicht auf. Zunächst blieben alle am Steuer sitzen und warteten, dass es gleich weitergehe, und ließen die Kinderchöre des Radios über sich ergehen. Niemand stieg aus. Jenseits der Leitplanken dehnte sich schneebedecktes Brachland bis zur Silhouette eines Kiefernwaldes. Joseph hatte bereits sein Weihnachtsmannkostüm angezogen für den Fall,

dass bei seinem Eintreffen Niklas aus dem Fenster sehen sollte. Der Himmel war den ganzen Tag über schneehell geblieben; jetzt wurde ihm allmählich das letzte Licht entzogen.
Ein altertümlicher LKW stand im Stau, zwei oder drei Wagenlängen entfernt. Und bei diesem LKW öffnete sich plötzlich die Tür. Joseph sah einen dunklen Stiefel, dann einen roten Mantelsaum.
Bis zu diesem Zeitpunkt hatte Joseph seine Kapuze aufbehalten. Der Vollbart mit den extrastarken Klebestreifen lag auf dem Nebensitz. Jetzt zog er, in einer Geste der Demut, die Kapuze herunter. Denn der Mann, der dort aus dem Auto stieg und der nun winkte, als sollten alle es ihm nachtun, war der wahre Weihnachtsmann. Sein weißes Haar und sein Bart waren über jede Frage erhaben. Seine dicke rote Nase war ungeschminkt. Er war auch nicht verkleidet, das sah man, er trug diese Sachen immer; so vollkommen passten sie zu ihm und eben nur zu ihm.
»Es war peinlich, dass ich in einer roten Jacke mit weißem Kunstpelz hinterm Steuer saß«, erzählte Joseph. »Ich zog sie aus.«
Der Weihnachtsmann stellte zwei Thermoskannen auf das Trittbrett der Fahrertür und holte eine Stange Plastikbecher unter dem Sitz hervor. Er winkte wieder. Es war eine Einladung. Er schenkte die Becher

voll, dass sie dampften. Die ersten Leute stiegen aus, noch ein wenig verlegen. Dann kamen auch andere, sie riefen dem Weihnachtsmann etwas zu, er lachte, sie lachten, schon herrschte heitere Stimmung. Er wuchtete einen Leinensack aus dem Verschlag, als wolle er mit der Bescherung beginnen.

Nun stieg auch Joseph aus. Es duftete nach Glühwein. »Hol mal die Kekse«, rief ein Mann seiner Frau zu. Ein anderer schrie: »Wir haben doch Schampus!« Schon herrschte ein Gedränge wie auf dem Christkindlmarkt. Der Ärger des Wartens hatte sich in den Übermut des Ausnahmezustands verwandelt. Alle schienen erleichtert, dass sie nun nicht so bald bei den Schwiegereltern oder Omas sein mussten. Jemand hob eine Schüssel Kartoffelsalat aus einem Korb, dazu Würstchen, die in Alufolie auf dem Motorblock erwärmt wurden. »Hat jemand Senf? Hat jemand Bier?« Natürlich. Es gab alles oder jedenfalls ziemlich viel für einen Imbiss auf der Autobahn. Nudelsalat, Kartoffelsalat, Roastbeef, Gemüsestreifen, Dips aus Mayonnaise und roter Soße, Gebackenes, Quittenbrot, Stollen. Joseph fühlte sich verpflichtet, die Marzipanbrote zu opfern, die er angeblich für uns dabeihatte.

Handys zum Absagen wurden herumgereicht. Mit dem Glühwein im Bauch und dem Sekt im Anflug war es nicht einfach, tiefes Bedauern ins Telefon zu heucheln. »Ja, es ist schade, aber lasst euch die Laune nicht verderben!«, seufzte einer mit funkelnden Augen. »Fangt schon mal ohne uns an!«, rief ein anderer ins Handy und sagte zu seiner Frau: »Vielleicht müssen wir auch gar nicht mehr hin?«

Jeder Ausnahmezustand setzt das gewöhnliche Benehmen außer Kraft. Josephs Nachbar stellte Boxen aufs Dach und demonstrierte, wie er per Fernbedienung die Choräle hochdrehen konnte. Sein Hintermann brachte es fertig, eine Lichterkette via Zigarettenanzünder mit Strom zu versorgen und von Auto zu Auto zu spannen. Weihrauchschwaden stiegen auf. Fünf Wagen voraus ergötzte sich eine Gruppe an Wunderkerzen. Bei anderen glühte ein kleiner Weihnachtsbaum auf dem Kühler. Von hinten erscholl mehrstimmiger Gesang; dort hatte ein Musiklehrer die Führung übernommen.

Die ganze Autobahn feierte. Binnen einer halben Stunde war die Stimmung so ausgelassen, dass man daran ging, Geschenke auszutauschen. Nur die kleineren vorerst. Der Mann mit der Lichterkette hatte erstaunlich viele Krawatten an Bord; er sei Vertreter, gestand er. Joseph verteilte die Bücher, die er günstig im modernen Antiquariat erworben hatte. Im Gegenzug ergatterte er Lavendelseife, eine Kleiderbürste und einen Ratgeber ›Liebe im Alter‹.

»Ich wollte alles noch am selben Abend an euch weiterschenken«, beteuerte er, wohl um zu beweisen, dass er zu diesem Zeitpunkt noch mit einer Auflösung des Staus rechnete.
Mitten im Trubel stand mit breitem Lächeln der Weihnachtsmann und goss unermüdlich Becher voll. Man hatte ihm die Funktion des Mundschenks übertragen. Irgendwann aber hatte er es auf einmal sehr eilig.
»Und zwar, als der Engel vorüberfuhr«, erinnerte sich Joseph. »Das war ein seltsames Bild. Jemand rief: Seht mal da drüben! Und wir sahen es. Jenseits der Autobahn glitt ein Schlitten über das Schneefeld. Der wurde von einem Hirsch gezogen. Und auf dem Schlitten saß ein Engel, ein dicker Engel, und blies in ein Horn.«
Alle starrten hin. Es war ein Spuk in der Dämmerung und war auch schon wieder vorbei.
»Leute«, rief der Weihnachtsmann, als sei ihm in diesem Augenblick etwas eingefallen, »ich habe noch mehr zu erledigen!« Mit geschäftsmäßiger Eile packte er zusammen. Er schraubte die Thermoskannen zu.
»Nächstes Jahr wieder?«, rief er noch, als er in seine Fahrerkanzel kletterte.
»Klar«, rief jemand. »Selber Ort, selbe Zeit!« Alle lachten. Der Weihnachtsmann winkte, ließ den Motor an,

steuerte vorsichtig auf den Standstreifen und fuhr rasch Richtung Ausfahrt davon.
Erst jetzt fiel Joseph auf, dass weiter vorn, einen Kilometer entfernt, keine Autos mehr standen. Der Stau hatte sich aufgelöst, dort zumindest, wo nicht gefeiert wurde. Der Mann, der die Würstchen heißgemacht hatte, klappte die Motorhaube zu. Ohne den Weihnachtsmann war das Fest nicht mehr das, was es gewesen war. Die Lichterkette wurde abgenommen. »Dann fahren wir auch los«, gluckste die Frau des Krawattenvertreters. »War aber witzig«, lallte ihr Mann. Die Frau aus dem Wagen vor Joseph rief: »Gott, und die ganze Zeit sitzt Oma im Auto!« Sie spähten durchs Fenster. Die Oma war leicht zur Seite gekippt. »Aber vielleicht hat sie einen gültigen Führerschein?«, brabbelte der Mann und rülpste.
In diesem Augenblick wurde ihnen klar, weshalb sich der Stau nur bis zu einer bestimmten Grenze aufgelöst hatte. Da vorne streiften Männer mit Taschenlampen umher und schritten in reflektierender Kleidung durch die Reihen der Autos. Es handelte sich um Polizisten. Helfer folgten ihnen mit Wolldecken. Es dauerte eine Weile, bis sie zu Joseph gelangt waren und ihm ihr neuestes elektronisches Testgerät zur Ermittlung des Blutalkohols vorführten. Nüchtern war Joseph da noch nicht.

Keiner war nüchtern geblieben. Die Fahrer mussten ihre Wagen am Rand abstellen. Nachfolgende Autos mit staunenden Insassen wurden vorbeidirigiert. Und die Polizei stand Wache. »Das hat alles dieser Weihnachtsmann angerichtet«, sagte Onkel Joseph. »Sonst wäre ich ganz bestimmt zu euch gekommen.«

22

Nun war der Weihnachtsmann bei uns. Ich hätte ihm nach der Bartprobe den Sack aus den Händen reißen und die Tür zuschlagen können. Heute frage ich mich, ob die Geschenke dann anders ausgefallen wären. Ob zum Beispiel der seidene Morgenmantel überhaupt drin gewesen wäre.

Aber ich konnte die Tür nicht zuschlagen. Niklas hing ihm glücklich am Hals. Lisa freute sich arglos, dass die Bescherung nun losgehen konnte. Nur ich war befangen, so wie man es einem Prominenten gegenüber ist, den man nur von ferne bewundert hat; auf einmal tritt er in die bescheidene Hütte, und man hat nicht aufgeräumt. »Also, es gibt Sie doch«, lächelte ich. »Als Kind hat man mir irgendwann mal eingeredet, es gebe keinen Weihnachtsmann.«

Dazu sagte er nichts. Er kam einfach herein. Höflich,

bescheiden, er sah keineswegs böse aus. Er schmunzelte sogar. »Das Weihnachtszimmer ist da vorn«, erwähnte ich. Er roch nach Schnee. Es gab wirklich nichts an ihm auszusetzen.

Lisa fand es angebracht, Niklas zu ermahnen: »Weißt du noch dein Gedicht? Sicher will der Weihnachtsmann wissen, ob du immer artig gewesen bist?«

»Unnötig«, brummte er und zog die Tür des Weihnachtszimmers hinter sich zu.

»Was macht er denn jetzt?«, tuschelte ich. »Er bereitet die Bescherung vor«, sagte Lisa entspannt. Ich kam mir töricht vor mit meiner Nervosität. Es war alles in Ordnung. Oder fast alles. Als die Weihnachtsglocke läutete und Niklas die Tür aufstieß, bemerkten wir, dass mit dem Weihnachtsmann zusammen Frau Ehrenbergs schwarzer Kater in die Wohnung geschlüpft sein musste. Deshalb waren die bunten Teller nun leer. Satt und träge schlich das Tier an uns vorbei aus dem Zimmer, kratzte gebieterisch ein paar Streifen Lack von der Wohnungstür, damit wir öffneten, und war dann verschwunden. Das war zu verschmerzen. Und gewiss, die wertvolle Brosche für Lisa, aus Sterlingsilber in Form eines Schneekristalls, fiel mit etlichen Kugeln Kaugummi zusammen aus der Packung. Sodass Lisa fragte: »Hast du die aus dem Automaten gezogen?« Doch das war noch lustig. Dass ihr Parfum, gerade auf den Markt geworfen von der trendiesten aller Trendmarken, gleich bei der ersten Probe ein gewitterhaftes Niesen auslöste, dass es außerdem auf der Haut einen hartnäckigen Juckreiz hinterließ, fand Lisa nicht sonderlich komisch. Aber bedrohlich war es nicht.

Zugegeben, ich war nicht begeistert davon, dass das Feuerwehrauto für Niklas derartig vollautomatisch arbeitete, dass es sich gleich in Bewegung setzte und emsig im Zimmer zu löschen begann, zuerst die bodennahen Kerzen, dann die Stereoanlage, sodass mit einem trunkenen Seufzer die Weihnachtsmusik – und zwar für immer – versiegte. Doch Niklas war hingerissen. Dafür musste er sich damit abfinden, dass sein Puzzlespiel nicht fünfhundert, sondern fünftausend Kleinstteile enthielt. Lisa schwor, sie könne sich nicht geirrt haben.

Der Weihnachtsmann lachte zu all dem gutmütig. Es war ja auch geradezu liebenswert. Und dass der hübsche Tropenfisch, kaum hatten wir ihn ins Aquarium gesetzt, die dortige Artenvielfalt vernichtete, ja sogar die Pflanzen abnagte und dann an die Scheibe schwamm und die Zähne fletschte, das wirkte zwar ein wenig unheimlich, aber es ließ sich verkraften.

Auch gelang es mir, die Krawatte abzunehmen, die Lisa mir geschenkt hatte und nach der sie angeblich

lange gesucht hatte. Sie war mit Nikolausen bedruckt. Ich führte es auf die neuartigen synthetischen Fasern zurück und auf die Kerzenwärme und auf die nervöse Feuchtigkeit an meinem Hals, dass diese Krawatte sich immer enger zusammenzog und mich würgte. Tragisch war das nicht; es gelang mir ja, mich zu befreien.
Dass die Armbanduhr sich, als der große Zeiger auf zwölf rückte, mit einer kleinen Explosion und bescheidener Rauchentwicklung verabschiedete, erinnerte mich sogar an Agentenfilme. Niklas wollte es gleich noch einmal sehen; das ging natürlich nicht. Aber nach allem, was andere erzählt, was ich selber erwartet hatte, war all das harmlos.
Der Weihnachtsmann hatte wohlgelaunt zugesehen. Sein Anteil an der Bescherung war damit zu Ende. »Tja, das war es dann wohl«, sprach er und erhob sich. »Dann wünsche ich Ihnen noch einen beschaulichen Ausklang des Festes.«
»Das ist ganz reizend von Ihnen«, sagte Lisa. »Hier geht es hinaus.« Sie war dankbar, dass er nicht länger blieb. »Aber das war noch nicht alles«, sagte sie zu mir. »Liebling, ich habe ein Geschenk, das der Weihnachtsmann dir nicht überreichen kann.«
Der Weihnachtsmann blieb in der Zimmertür stehen. Ich hörte, wie im Badezimmer Niklas den Wasserbehälter seiner Feuerwehr neu betankte.

Lisa sah mich mit jenem Charme an, den ich nur in der Anfangszeit bei ihr gesehen hatte. Sie küsste mich. Sie sagte: »Ich bin schwanger!«
Ich lachte unsicher. Ich war froh und stolz, wenn auch ein wenig verwundert. Doch, ja, es war das schönste Weihnachtsgeschenk.
Oder hätte es sein können. Denn nun kam der Weihnachtsmann noch einmal ins Zimmer.
»Richtig«, sagte er. »Ich habe ja hier noch etwas, das hätte ich fast vergessen, ein Geschenk von Ihrer Frau. Etwas, das vielleicht dazu passt.« Er langte tief in den Jutesack und überreichte mir ein großes weiches Paket.
»Aber …«, sagte Lisa und verstummte.
Ich befühlte das Paket. Für einen Strampelanzug war es zu groß, es hatte eher die Ausmaße einer Kinderbettdecke. Lisa starrte es fassungslos an. Ich bemerkte, dass sie blass geworden war. »Kann es sein«, fragte sie, »dass Sie sich irren?«
»Ausgeschlossen. Das kommt nie vor. Ich erfülle alle Wünsche ganz genau.«
»Wieso?«, forschte ich. »Ist das denn nicht von dir?«
»Doch, doch«, sagte der Weihnachtsmann freundlich. Lisa nickte nervös. »Ja, aber packe es doch später aus«, bat sie. »Jetzt lass uns erst essen.«
»Aber nein!«, sagte der Weihnachtsmann sehr be-

stimmt. »Packen Sie es jetzt aus! Ich möchte die Freude schließlich auch miterleben!«

»Dann bleiben Sie zum Essen, essen Sie erst mal«, sagte Lisa hilflos. »Es ist genug da für alle.«

Ich löste bereits das rote Band der Verpackung.

»Es riecht so komisch!« rief Lisa panisch und floh in die Küche. »Die Gans!«

Behutsam wickelte ich das Geschenk aus. Ein feiner seidener Morgenmantel. »Lisa!«, rief ich. »Das ist doch herrlich! Wie schön! Danke! Lisa!« Ich hörte sie heftig in der Küche hantieren.

»Probieren Sie ihn doch mal an!«, riet der Weihnachtsmann.

Ich tat es. Der Mantel war mit alten asiatischen Motiven bedruckt, mit liebenden Paaren, die sich in Palästen, unter Baldachinen und Blütenbäumen in vertrackten Stellungen vergnügten. Thai Erotik Versand, Ibbenbühren, las ich auf dem Schildchen des Herstellers. Ich steckte zufrieden die Hände in die Taschen. »Gefällt mir«, sagte ich.

»Vielleicht etwas groß«, bemerkte der Weihnachtsmann kritisch.

Etwas knisterte in der rechten Tasche. Ein Stück Papier. Die Rechnung? Der Waschzettel?

Lisa rollte hektisch die Gans herein. »Du, der ist zu groß«, sagte sie sofort und wollte mir den Mantel

gleich abnehmen. »Komm, zieh ihn aus, bevor er schmutzig wird. Den tauschen wir um. Nun, lass uns essen, bevor alles kalt ist. Bitte, Liebling!«
Ich holte das Papier hervor. Es war ein Brief. Ein Brief mit rosa Schleife.
»Tja«, seufzte Lisa und sank aufs Sofa. »Dann soll es eben so sein. Vielleicht habe ich's mir so gewünscht.«
Ich öffnete das Kuvert. Viel stand nicht drin. »Liebster Sebastian«, las ich. »Du, mein German Dream Man! Dies ist für Dich! Für Uns!«
»Na«, sagte der Weihnachtsmann. »Dann lasse ich Sie jetzt am besten in Ruhe zu Ende feiern!«
»Nein!«, schrie Lisa. »Jetzt bleiben Sie zum Essen! Das sind Sie mir schuldig!«
Mit hysterischer Entschlossenheit säbelte sie die Gans auf. Der kross gebackene Bauch öffnete sich. Er war gefüllt mit Tannenzapfen. Sie dampften. Niklas' Feuerwehr rollte herein, um zu löschen.

23

Die Wohnungstür klappte. Der Weihnachtsmann war verschwunden. Ich löste mich aus der Versteinerung und rannte ihm nach. Er stand noch auf dem Treppenabsatz. Er war mit Frau Pirsig zusammengestoßen.

»Knut ist wieder da«, berichtete sie außer Atem. »Aber der arme Junge ist völlig verwirrt. Er redet von Engeln und von einem Knecht-Ruprecht-Express, und es hat einen Zusammenstoß gegeben, heute nachmittag schon, im Schnee, und er will partout nicht mehr raus aus dem Hirschkostüm.« Sie sah mich hilfeflehend an. Mir fiel nichts ein. Dann den Weihnachtsmann. Der kraulte sich den Bart.

»Ein Hirsch«, wiederholte er, als erinnere er sich mühsam. »Ja, richtig, ja. Aber der wird sich erholen. Der war doch mit dieser Dame unterwegs, dieser schwergewichtigen, die ein Engel werden wollte?«

»Sagen Sie bloß, Sie haben ihr diesen Wunsch erfüllt?«, fragte ich.

»Ich tue, was in meiner Macht steht«, antwortete er und stieg die Treppe hinunter.

Ich blickte zurück in die Wohnung, wo Lisa in leerem Mechanismus begann, Puzzlestücke umzuwenden und aneinanderzulegen. Niklas ärgerte den Fisch mit der Feuerwehrspritze.

Ich sprang die Treppe hinunter. Unten holte ich den Weihnachtsmann ein. »Ich muss Sie noch etwas fragen«, sagte ich, während er zu seinem rostigen LKW ging. Knecht-Ruprecht-Express stand auf dem Anhänger. »Es war sehr schön, dass wir Sie kennenlernen durften. Ich spreche für alle hier im Haus, wir sind

überaus dankbar. Aber ehrlich gesagt, jetzt reicht es auch. Ich meine, wir würden Sie gern wiedersehen. Durchaus. Aber bitte nicht gleich im nächsten Jahr.«
Er stieg wortlos in sein Führerhäuschen.
»Es ist nicht Undankbarkeit, das nicht«, beteuerte ich. »Aber rundheraus gefragt: Gibt es irgendeine Möglichkeit, Sie loszuwerden?«
Er schlug die Tür zu. Ich stand mit meinen Pantoffeln im Schnee, verloren und jämmerlich.
Dann kurbelte er das Fenster herunter. Er lächelte mit dieser unwiderstehlichen Güte, die nur ein wahrer, ein böser Weihnachtsmann aufbringen kann. »Es gibt nur eine einzige Möglichkeit«, sagte er. »Sie müssen mich unterstützen. Ich darf nur zu Menschen kommen, die sich über mich freuen. Also sorgen Sie dafür, dass die Leute mich zu sich wünschen.«
»Das ist doch unmöglich.«
Er hob bedauernd die Hände. »Na, dann bis zum nächsten Jahr!«, und kurbelte das Fenster wieder hoch.
»Nein, halt!« rief ich.
Er ließ den Motor an. Eine fette Dieselwolke schwärzte den Schnee.
»Heh, halt! Was soll ich denn tun?«
Er musterte mich durch die beschlagene Scheibe, kurbelte noch einmal und beugte sich aus dem Fen-

ster. »Es ist ganz einfach. Sie schreiben ein Buch. Sie schildern, was Sie erlebt haben. Und lassen es die Leute lesen. Von jedem, der irgendwann mal lacht während dieser Geschichte, weiß ich: Der ist auf meiner Seite. Dem bin ich willkommen. Jeder, der sich freut über die Bosheiten, kriegt Besuch von mir. Spätestens Heiligabend, gern auch schon etwas früher. Zum Wünscheerfüllen. Dann habe ich so viel Kundschaft, dann sind Sie mich los. Versprochen.«

Der Motor brummte träge vor sich hin. Ich roch das Öl und spürte die Wärme. Der Weihnachtsmann nickte aufmunternd. »Dreiundzwanzig Kapitel«, schlug er vor. »Das vierundzwanzigste feiere ich mit den Leuten selbst.« Und weil ich immer noch unentschlossen und stumm im Schnee stand, beugte er sich weit hinaus. »Ich zähle auf Sie. Das habe ich von Anfang an getan!«

Schwerfällig setzte sich der Knecht-Ruprecht-Express in Bewegung. Ganz langsam rollte er in die Nacht. Im letzten Moment glaubte ich noch, eine Flügelspitze von Frau Schmökels Engelskostüm an den Reifen kleben zu sehen. Aber wahrscheinlich täuschte ich mich. Es war wohl nur Schnee.

Ich blickte nach oben, wo Niklas aus dem Fenster spähte. Er winkte. Im Hintergrund sah ich Lisa die Kerzen am Baum wieder anzünden. Darunter lag dunkel Frau Schmökels Wohnung, die seither dunkel geblieben ist. Und ganz unten, im Parterre, erklang schief und rührend der Chorgesang der WG. Sebastian stand vor dem Tannenbaum und bestaunte die Pracht. Also ging ich ins Haus, um Weihnachten zu feiern. Und den Wunsch des Weihnachtsmannes zu erfüllen. Frohes Fest.